Microsoft Word 2007 Basiswissen

Begleitheft für Word-Einsteiger

Verlag:
readersplanet GmbH
Neuburger Straße 108
94036 Passau

http://www.readersplanet-fachbuch.de
info@readersplanet-fachbuch.de

Tel.: +49 851-6700
Fax: +49 851-6624

ISBN: 978-3-8328-0021-5

Covergestaltung:
Christian Dadlhuber

Lektorat:
Inge Baumeister, MMTC Multi Media Trainingscenter GmbH

Herausgeber:
Christian Bildner

© 2010 readersplanet GmbH, Passau

Die Informationen in diesen Unterlagen werden ohne Rücksicht auf einen eventuellen Patentschutz veröffentlicht. Warennamen werden ohne Gewährleistung der freien Verwendbarkeit benutzt. Bei der Zusammenstellung von Texten und Abbildungen wurde mit größter Sorgfalt vorgegangen. Trotzdem können Fehler nicht vollständig ausgeschlossen werden. Verlag, Herausgeber und Autoren können für fehlerhafte Angaben und deren Folgen weder eine juristische Verantwortung noch irgendeine Haftung übernehmen. Für Verbesserungsvorschläge und Hinweise auf Fehler sind Verlag und Herausgeber dankbar.

Fast alle Hard- und Softwarebezeichnungen, die in diesem Buch erwähnt werden, sind gleichzeitig auch eingetragene Warenzeichen oder sollten als solche betrachtet werden.

INHALTSVERZEICHNIS

Vorwort

Wozu verwenden Sie Word?

Textverarbeitung ist nach wie vor eine der wichtigsten Aufgaben am PC. Das Programm Microsoft Word ist Teil der Office 2007 Programmgruppe und eines der am häufigsten eingesetzten Textverarbeitungsprogramme.

Im Gegensatz zur Schreibmaschine sind am Computer jederzeit nachträgliche Korrekturen am Text möglich. Darüber hinaus verfügen Textverarbeitungsprogramme über eine Vielzahl von Möglichkeiten der Textgestaltung, als Formatierung bezeichnet. Weitere Funktionen erlauben das Einfügen von Tabellen und Grafikelementen und unterstützen den Anwender bei wiederkehrenden Abläufen.

An wen wendet sich dieses Buch?

Dieses Buch ist als begleitende Schulungsunterlage konzipiert und vermittelt vor allem Einsteigern das nötige Grundlagenwissen, um die vielfältigen Möglichkeiten von Word im Alltag sicher und effizient einzusetzen.

Welche Kenntnisse sollten Sie mitbringen?

Die Schulungsunterlage setzt allgemeine Kenntnisse im Umgang mit Maus und Tastatur, sowie mit der Benutzeroberfläche des Windows-Betriebssystems voraus. Dazu gehört auch der Umgang mit Dateien und Ordnern. Sie sollten wissen, wie Sie Programme starten und beenden, den Umgang mit Fenstern und Taskleiste beherrschen, sowie Dateien speichern und wieder öffnen können.

Schreibweise

Befehle, Schaltflächen und die Beschriftung von Dialogfenstern sind zur besseren Unterscheidung in Kapitälchen gesetzt, Beispiel: Register START, Gruppe ABSATZ.

Verwendete Symbole:

ℹ️	Dieses Symbol steht für allgemeine und zusammenfassende Informationen.
👉	Wichtige Sachverhalte, die Sie beachten sollten sind mit diesem Symbol gekennzeichnet.
🔍	Die Lupe vermittelt Ihnen detaillierte Informationen sowie besondere Tipps für fortgeschrittene Benutzer.
🔧	Bei diesem Symbol finden Sie kleine Übungsaufgaben einschließlich einer kurzen Lösungsbeschreibung.
⚠️	Dieses Symbol warnt Sie vor möglichen Fehlern.

1. Die Arbeitsumgebung von Word 2007

In dieser Lektion lernen Sie...

- Arbeitsumgebung und Befehlseingabe
- Die verschiedenen Ansichten von Word

Was Sie für diese Lektion wissen sollten:

- Grundlagen des Betriebssystems Windows

Nach dem Starten von Microsoft Word 2007 wird ein Fenster geöffnet und Sie sehen die Benutzeroberfläche des Programms zusammen mit einem neuen leeren Dokument vor sich. Bevor Sie mit der Bearbeitung beginnen, sollten Sie sich mit den wichtigsten Elementen der Arbeitsumgebung vertraut machen.

1.1. Der Arbeitsbildschirm

Fensterdarstellung

Die Titelleiste des Anwendungsfensters enthält den Namen des Programms zusammen mit dem Namen des geöffneten Dokuments, sowie ganz rechts die Schaltflächen zum Steuern der Fensterdarstellung und zum Schließen des Fensters.

Als **Dokumente** bezeichnet Word alle Dateien, die vom Benutzer erstellt wurden, unabhängig vom Inhalt

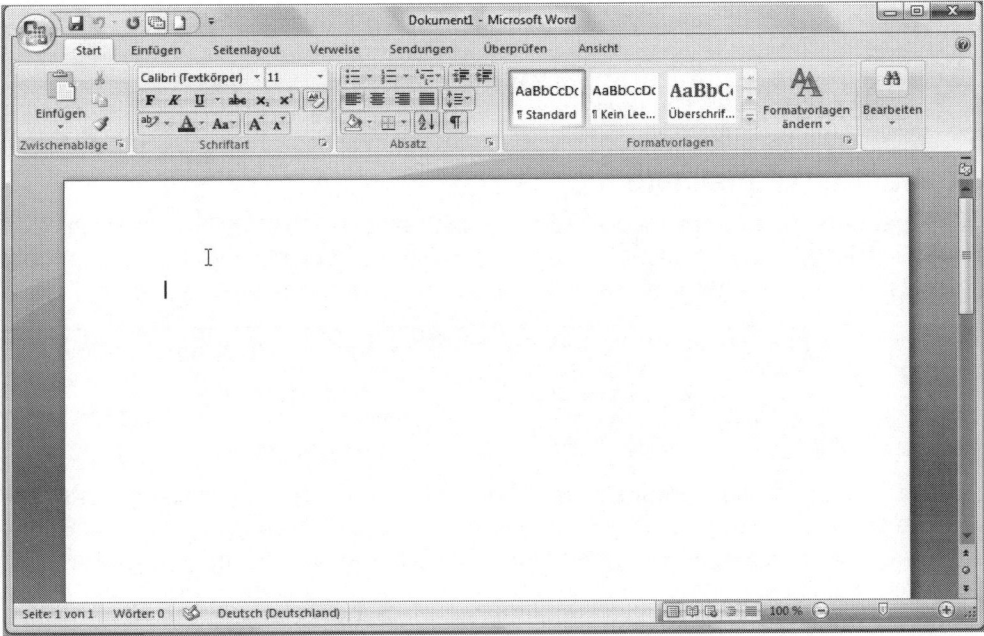

Die Bedeutung der Symbole in der Titelleiste:

Mit einem Mausklick auf das Symbol SCHLIEßEN beenden Sie Word. Nicht gespeicherte Daten gehen dabei verloren, speichern Sie daher zuvor Ihre Eingaben.

Word beenden

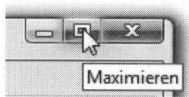

Mit einem Mausklick auf dieses Symbol wechselt das gesamte Fenster zwischen beliebiger Fenstergröße (Verkleinern) und Vollbildmodus (Maximieren). Maximieren bedeutet, die Größe des Fensters wird automatisch an die Größe des Bildschirms angepasst.

Mit dem Symbol Minimieren können Sie das geöffnete Fenster auf die Größe einer Schaltfläche in der Taskleiste reduzieren. Mit einem Mausklick auf die Schaltfläche stellen Sie das ursprüngliche Fenster wieder her, die Anwendung wird nicht geschlossen, Ihre Daten gehen dabei also nicht verloren.

Unmittelbar darunter können Sie über das Fragezeichen-Symbol oder mit der Taste F1 die Word Hilfe aufrufen.

Der Mauszeiger

Den größten Teil des Fensters nimmt der eigentliche Arbeitsbereich von Word, das geöffnete Dokument ein. Die Einfügemarke oder Cursor in Form eines blinkenden, senkrechten Strichs kennzeichnet die aktuelle Eingabeposition im Dokument und befindet sich in einem neuen, leeren Dokument oben links. Eine ähnliche Form besitzt auch der Mauszeiger, sobald er sich innerhalb des Dokuments befindet. Verwechseln Sie daher den Mauszeiger nicht mit dem Cursor.

Bildlaufleisten

Scrollen: den sichtbaren Bildschirmausschnitt verschieben

Die Bildlaufleiste am rechten, eventuell auch am unteren Rand des Fensters verwenden Sie, um in längeren Dokumenten den sichtbaren Bereich zu verschieben. Alternativ können Sie dazu auch das Rad der Maus verwenden (Scrollen).

1.2. Befehlseingabe

Die Multifunktionsleiste

Die Multifunktionsleiste fasst Aufgaben zu Gruppen zusammen

Im Gegensatz zu früheren Versionen unterscheidet Word 2007 nicht mehr zwischen Menüzeile und Symbolleisten, die gesamte Befehlseingabe erfolgt über Befehlsschaltflächen der Multifunktionsleiste unterhalb des Fenstertitels.

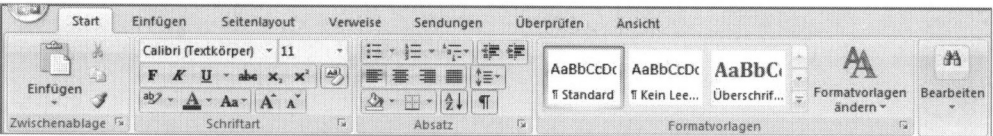

Einige Register werden nur bei Bedarf angezeigt

Die Befehle der Multifunktionsleiste sind nach Aufgaben zusammengefasst, die über Registerkarten schnell aufgerufen werden können, beispielsweise das Register START für grundlegende, allgemeine Befehle wie das Formatieren von Text. Beachten Sie, dass einige Register nur bei Bedarf angezeigt werden. Mit einem Mausklick auf das Register zeigt Word alle dazugehörigen Schaltflächen an.

Die Anzeige der Symbole und Schaltflächen in der Multifunktionsleiste richtet sich nach der Größe des Word-Fensters. Daher kann auf Ihrem Bildschirm, abhängig von Bildschirmgröße und der verwendeten Auflösung die Darstellung etwas anders aussehen als in den Abbildungen.

Infos anzeigen

Nähere Informationen zu den einzelnen Schaltflächen erscheinen, wenn Sie mit der Maus auf das Symbol zeigen.

Dialogfenster öffnen

Innerhalb eines Registers sind die Schaltflächen noch nach Gruppen geordnet, so finden Sie etwa im Register START die Gruppe SCHRIFTART mit allen Möglichkeiten der Schriftgestaltung. Neben manchen Gruppenbezeichnungen finden Sie ein kleines Pfeil-Symbol . Damit können Sie mit einem Mausklick alle Befehle der Gruppe in einem eigenen Dialogfeld oder Dialogfenster aufrufen. Dies ist nützlich, wenn Sie aus einer Gruppe gleich mehrere Befehle benötigen.

über dieses Symbol öffnen Sie zusammenfassende Dialogfenster

Auswahl- oder Listenfelder

Über einige der Schaltflächen sind weitere Befehle in Form eines Auswahl- oder Listenfeldes verfügbar, Sie erkennen diese Schaltflächen an einem kleinen, nach unten weisenden Dreieck (Drop-Down- oder Auswahlpfeil).

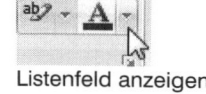

Listenfeld anzeigen

Die Multifunktionsleiste minimieren

Sie können bei Bedarf die Multifunktionsleiste minimieren, um mehr Platz für den Arbeitsbereich zu schaffen:

- Klicken Sie auf den Befehl SYMBOLLEISTE FÜR DEN SCHNELLZUGRIFF ANPASSEN (siehe unten) und aktivieren Sie anschließend MULTIFUNKTIONSLEISTE MINIMIE-REN. Die Register sind auch bei minimierter Multifunktionsleiste sichtbar, die dazugehörigen Befehle erscheinen, sobald Sie mit der Maus auf ein Register klicken.

Symbolleiste für den Schnellzugriff, siehe nächste Seite

- Ein Doppelklick auf das aktuelle Register minimiert die Multifunktionsleiste ebenfalls vorübergehend, mit einem weiteren Doppelklick auf das Register wird die Leiste wiederhergestellt.

Doppelklick minimiert die Multifunktionsleiste

Symbolleiste für den Schnellzugriff

Zusätzlich zur Multifunktionsleiste steht Ihnen noch die SYMBOLLEISTE FÜR DEN SCHNELLZUGRIFF zur Verfügung, die Sie nach Belieben anpassen, d.h. um weitere Schaltflächen ergänzen können.

Die Symbolleiste für Schnellzugriff kann bei Bedarf um Symbole erweitert werden

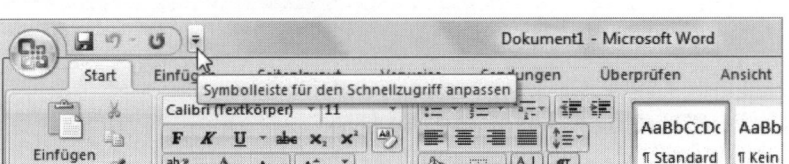

Klicken Sie dazu am rechten Ende dieser Symbolleiste auf die Schaltfläche SYMBOLLEISTE FÜR DEN SCHNELLZUGRIFF ANPASSEN und aktivieren Sie durch Anklicken die Anzeige der gewünschten Befehle. Mit einem Mausklick auf den Eintrag WEITERE BEFEHLE öffnen Sie ein Dialogfeld mit allen verfügbaren Schaltflächen.

Auf die gleiche Weise lassen sich Symbole auch wieder aus der Symbolleiste entfernen.

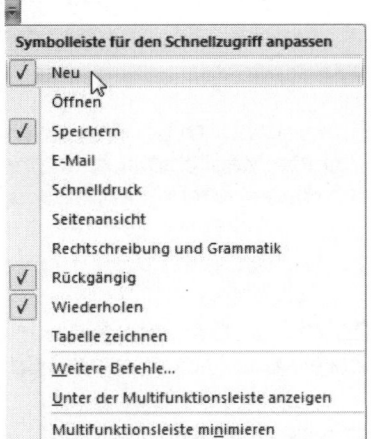

Office-Schaltfläche:
allgemeine Befehle zur
Dateiverwaltung

Die Office-Schaltfläche

Allgemeine Befehle zu Dateiverwaltung, wie Speichern oder Öffnen, bzw. ein neues Dokument erstellen rufen Sie über die OFFICE-Schaltfläche in der linken, oberen Ecke des Word-Fensters auf. Klicken Sie mit der linken Maustaste auf die Schaltfläche.

Die Schaltfläche WORD-OPTIONEN öffnet ein Dialogfenster, in dem Sie allgemeine Programmeinstellungen vornehmen können.

Die Befehle der Office-Schaltfläche

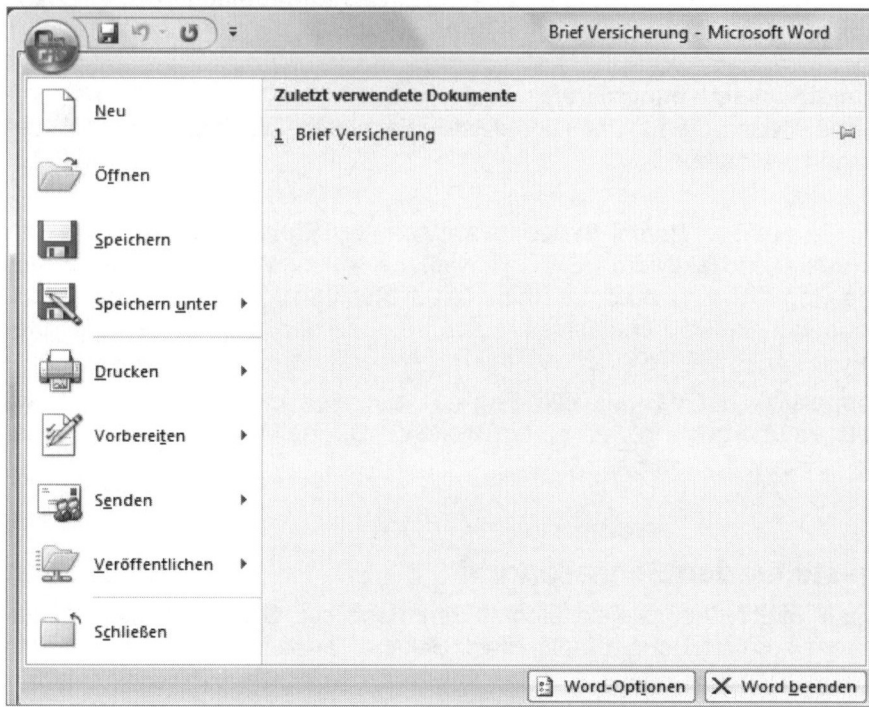

Weitere Möglichkeiten der Befehlseingabe

Weitere Möglichkeiten der Befehlseingabe sind das Kontextmenü, sowie Tastenkombinationen (ShortCuts).

Kontextmenü: rechte
Maustaste

Das Kontextmenü erscheint, wenn Sie mit der rechten Maustaste im Arbeitsbereich klicken. Die Befehle des Menüs beziehen sich ausschließlich auf den markierten Bereich.

Hilfe zu
Tastenkombinationen
aufrufen

Funktionstasten und Tastenkombinationen sind für fortgeschrittene Benutzer eine schnelle Möglichkeit, bestimmte Befehle auszuführen. Welche Tastenkombinationen Sie verwenden können, erfahren Sie am einfachsten in der Hilfe:

1. Klicken Sie in der rechten oberen Ecke des Word-Fensters auf das Hilfe-Symbol.
2. Geben Sie anschließend den Suchbegriff "Tasten" oder "Tastenkombination" ein und klicken Sie auf SUCHEN.

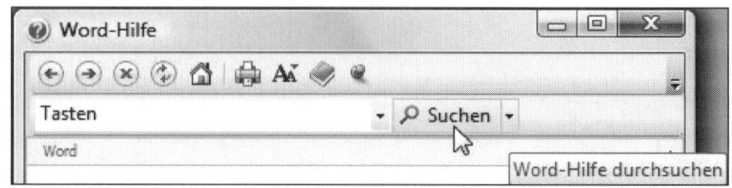

Smarttags

Unmittelbar nach bestimmten Aktionen, beispielsweise dem Einfügen von zuvor kopierten Elementen erscheint am Zielort im Dokument ein kleines Symbol, ein Smarttag und bietet verschiedene Optionen zur letzten Aktion an. Zum Anzeigen der Optionen klicken Sie einfach auf das Symbol. Smarttags verschwinden automatisch wieder nach der nächsten Befehlseingabe.

Smarttags bieten Optionen zu gerade ausgeführten Befehlen an

1.3. Ansichten

Microsoft Word verfügt über mehrere Ansichten zur Bearbeitung von Dokumenten. Das Register ANSICHT ermöglicht nicht nur den schnellen Wechsel der Ansichten sondern auch das Ein- und Ausblenden verschiedener Bildschirmelemente.

Register ANSICHT

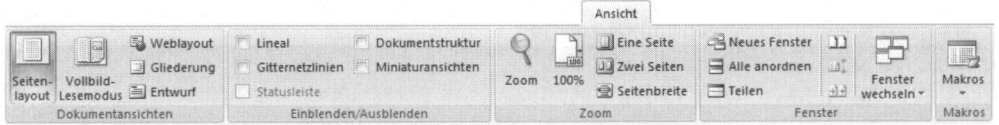

In der Statuszeile am unteren Bildschirmrand finden Sie ebenfalls Symbole, über die Sie schnell zwischen den Ansichten wechseln können.

Die Symbole der Statuszeile

Seitenlayout

Die Ansicht SEITENLAYOUT ist die Standardansicht von Word 2007. In dieser Ansicht können Sie Text und alle weiteren Elemente ohne Einschränkungen eingeben und formatieren, dabei wird das Dokument am Bildschirm so dargestellt, wie es später gedruckt wird. Dies gilt auch für Seitenränder, Kopf- und Fußzeilen, mehrspaltigen Text, sowie eingefügte Grafiken.

Die Standard-Ansicht von Word

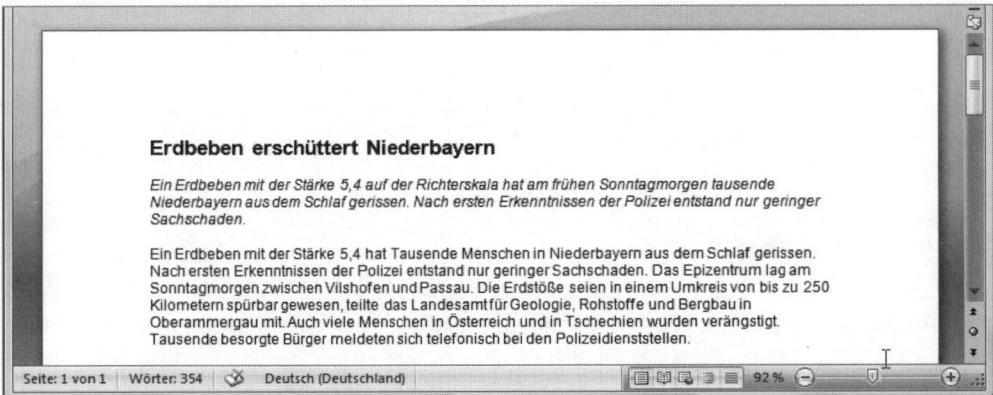

Leerräume aus- und einblenden

In mehrseitigen Dokumenten können in dieser Ansicht die oberen und unteren Seitenränder ausgeblendet werden: Zeigen Sie mit der Maus in den Zwischenraum zwischen zwei Seiten. Mit einem anschließenden Doppelklick blenden Sie die Leerräume aus und auch wieder ein.

Leerräume zwischen den Seiten ausblenden

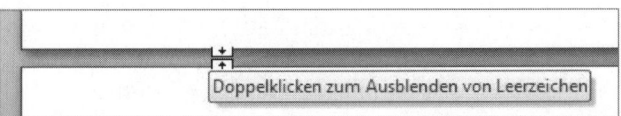

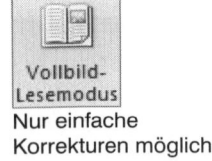

Vollbild-
Lesemodus

Nur einfache
Korrekturen möglich

Vollbild-Lesemodus

Die Ansicht VOLLBILD-LESEMODUS eignet sich vor allem für abschließende Kontrollen. Anstelle der Multifunktionsleiste erscheint eine eigene Leiste mit Schaltflächen, über die Sie diese Ansicht steuern können. Mit der Schaltfläche SCHLIEßEN kehren Sie wieder zurück zur vorherigen Ansicht.

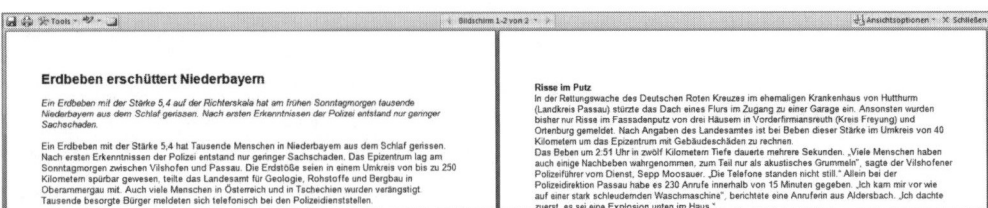

Die Schaltfläche ANSICHTSOPTIONEN enthält verschiedene Darstellungsmöglichkeiten für den Vollbild-Lesemodus.

Aktivieren Sie die Option EINGABE ZULASSEN, wenn Sie in dieser Ansicht auch einfache Textkorrekturen vornehmen wollen.

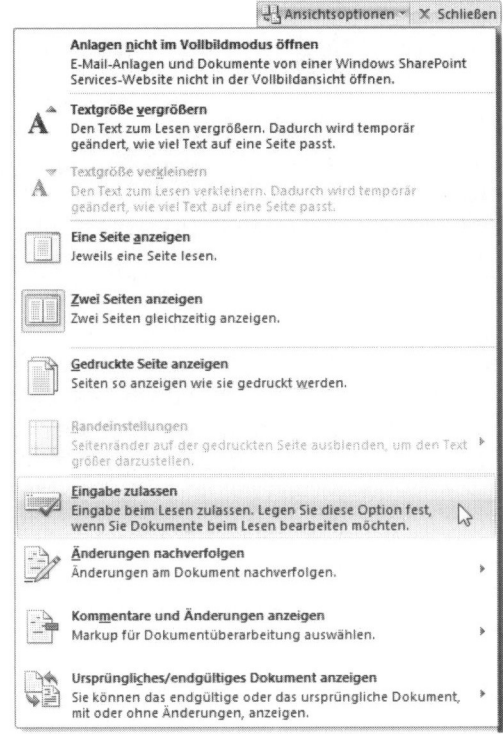

Weitere Ansichten

Weblayout

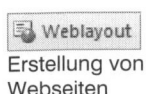

Erstellung von
Webseiten

Die Ansicht WEBLAYOUT sollten Sie ausschließlich zur Erstellung von Webseiten verwenden. In dieser Ansicht wird das Dokument ohne Seitenumbruch wie in einem Webbrowser dargestellt, der Zeilenumbruch orientiert sich an der Fensterbreite. Ein späterer Ausdruck stimmt nicht mit der Bildschirmanzeige überein!

Gliederung

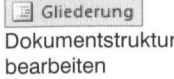

Dokumentstruktur
bearbeiten

Die Ansicht GLIEDERUNG dient zur Kontrolle und Überarbeitung der Struktur umfangreicher Dokumente. In dieser Ansicht lassen sich verschiedene Gliederungsebenen ein- und ausblenden und somit gezielt bearbeiten.

Entwurf

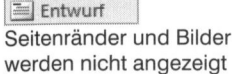

Seitenränder und Bilder
werden nicht angezeigt

Anstelle der Ansicht SEITENLAYOUT kann auch die Ansicht ENTWURF zur Texteingabe verwendet werden. Diese Ansicht benutzt ein vereinfachtes Layout, Seitenränder, der Inhalt von Kopf- und Fußzeilen, sowie eingefügte Bilder werden nicht angezeigt. Diese Ansicht sollte daher ausschließlich für die schnelle Eingabe umfangreicher Texte verwendet werden, nicht aber zur Textgestaltung.

Zusätzliche Bildschirmelemente

Zusätzliche Bildschirmelemente als Hilfsmittel aktivieren Sie im Register Ansicht über die Gruppe EINBLENDEN/AUSBLENDEN.

Weitere Bildschirm Elemente einblenden

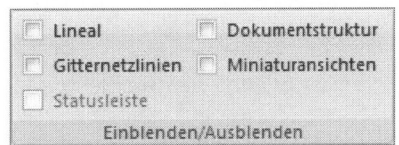

Lineal	Ein Lineal am linken und oberen Rand des Dokuments unterstützt Sie beim Ausrichten im Dokument.
Gitternetzlinien	Damit blenden Sie ein Raster oder Gitternetz ein, an dem Sie eingefügte Objekte, beispielsweise Grafiken ausrichten können.
Dokumentstruktur	Die Dokumentstruktur erleichtert die Navigation in umfangreichen Dokumenten. Die Überschriften werden in einem zusätzlichen Fensterausschnitt eingeblendet. Mit einem Mausklick auf die jeweilige Überschrift wechselt Word im Hauptfenster an die entsprechende Stelle des Dokuments. Die Überschriften müssen dazu mit einer Überschriften-Formatvorlage formatiert sein, siehe Kapitel Formatvorlagen.
Miniaturansichten	Die Miniaturansichten in Form von kleinen Seitensymbolen werden ebenfalls in einem eigenen Fensterbereich am linken Bildschirmrand eingeblendet. Mit einem Mausklick können Sie schnell zwischen den Seiten wechseln.

Zoom

Die Bildschirmanzeige können Sie über die Schaltflächen der Gruppe ZOOM beliebig vergrößern und verkleinern (zoomen). Ein Zoom von 100% stellt den Text am Bildschirm in der gleichen Größe wie auf dem Ausdruck dar. Mit der Einstellung SEITENBREITE wird der Zoomfaktor automatisch so gewählt, dass eine Druckseite die gesamte Breite des Word-Fensters ausfüllt.

Bildschirmdarstellung zoomen

Eine andere Möglichkeit finden Sie im rechten Bereich der Statuszeile. Verschieben Sie entweder den Schieberegler mit gedrückter Maustaste oder klicken Sie mehrmals auf die Symbole -, bzw. +.

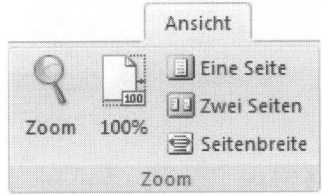

Tipp: Drücken Sie die Strg-Taste und halten Sie die Taste gedrückt, während Sie das Mausrad drehen. Damit zoomen Sie ebenfalls das Dokument.

Statusleiste

Am unteren Rand des Fensters befindet sich noch die Statusleiste von Word. Sie enthält verschiedene Hinweise zum Dokument, zur Rechtschreibprüfung und zur aktuellen Cursorposition:

Seite: 1 von 5	Der Cursor befindet sich auf Seite 1 eines Dokuments, das insgesamt 5 Seiten umfasst.
Wörter: 345	Anzahl der Wörter im Dokument
Deutsch (Deutschland)	Die Standardsprache für die Überprüfung der Rechtschreibung und Grammatik ist Deutsch. Außerdem zeigt das Symbol an, ob Rechtschreibfehler im Dokument gefunden wurden.

Die Statusleiste anpassen

Die Anzeige der vertikalen Position erleichtert die korrekte Platzierung der Anschrift

Die Statusleiste lässt sich vom Benutzer anpassen, d.h. um weitere Schaltflächen ergänzen. Klicken Sie dazu mit der rechten Maustaste in die Statusleiste und aktivieren oder deaktivieren Sie mit einem Mausklick die gewünschten Informationen.

Die Statusleiste um weitere Elemente anpassen

Nützlich ist beispielsweise nicht nur die Anzeige, auf welcher Seite sich der Cursor gerade befindet, sondern auch die vertikale Seitenposition in cm (gemessen vom Papierrand). Dies erleichtert beispielsweise beim Schreiben von Briefen nach DIN die genaue Positionierung der Anschrift.

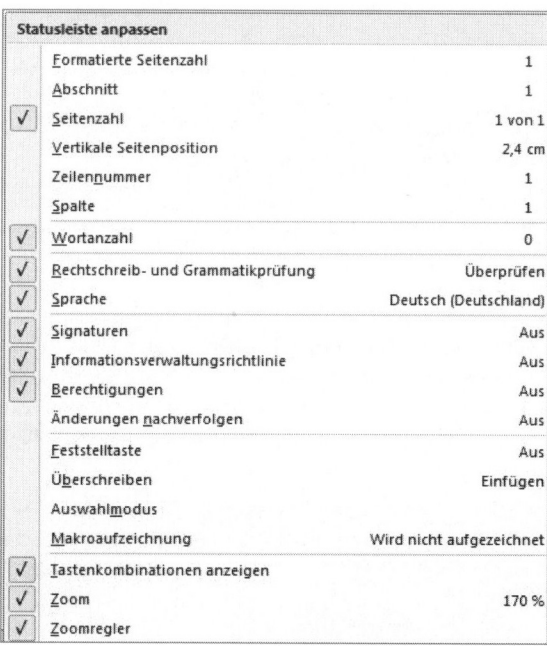

Mit mehreren Fenstern arbeiten

Mit mehreren Fenstern arbeiten

Wenn Sie mit Word mehrere Dokumente gleichzeitig geöffnet haben, dann wird jedes Dokument in einem eigenen Word-Fenster angezeigt und Sie können über die Taskleiste am unteren Rand des Bildschirms zwischen den Fenstern wechseln.

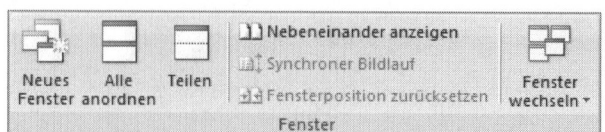

Das Register ANSICHT enthält mit der Gruppe FENSTER mehrere Schaltflächen, über die Sie die Anordnung der Fenster steuern können, bzw. ebenfalls zwischen den Fenstern wechseln können.

1.4. Zusammenfassung

- In der Multifunktionsleiste sind alle verfügbaren Befehle nach Funktionen geordnet und werden über Register aufgerufen. Einige der Befehlsschaltflächen ermöglichen zusätzlich eine Auswahl über Listenfelder. Eine andere Möglichkeit stellen die Dialogfenster mit einer Zusammenfassung der jeweiligen Befehle dar. Sie werden mit einem Mausklick auf das Pfeilsymbol der jeweiligen Gruppe aufgerufen. Weitere Varianten der Befehlseingabe sind das Kontextmenü der rechten Maustaste, Tastenkombinationen (ShortCuts) und Smarttags.

- Befehle zur Dateiverwaltung werden über die Office-Schaltfläche in der oberen linken Ecke des Word-Fensters aufgerufen. Für die schnelle Befehlseingabe verwenden Sie die Symbolleiste für den Schnellzugriff. In dieser Symbolleiste können vom Benutzer weitere, häufig benötigte Befehlsschaltflächen hinzugefügt werden.

- Word 2007 verfügt über verschiedene Ansichten. Die Ansicht Seitenlayout ist die Standardansicht, die Bildschirmdarstellung entspricht der späteren Druckausgabe, in dieser Ansicht erfolgt normalerweise die Texteingabe und Bearbeitung. Weitere Ansichten wie die Ansicht Weblayout, Entwurf oder Gliederung werden nur für besondere Zwecke benötigt. Der Vollbild-Lesemodus eignet sich besonders für abschließende Kontrollen umfangreicher Dokumente.

- Zusätzliche Elemente wie Lineal oder Gitternetz können als Hilfsmittel zur exakten Positionierung von Objekten eingeblendet werden, Miniaturansichten oder Dokumentstruktur dienen zur schnellen Navigation in Dokumenten. Darüber hinaus können Sie ein Dokument auf dem Bildschirm verkleinern oder vergrößern (zoomen).

Bemerkungen:

_____

_____

_____

2. Word-Dokumente verwalten

In dieser Lektion lernen Sie...

- Word-Dokumente speichern und öffnen
- Neue Dokumente erstellen
- Dateiformate

Was Sie für diese Lektion wissen sollten:

- Die Arbeitsumgebung von Word
- Betriebssystem Windows

Die Office-Schaltfläche

Die OFFICE-Schaltfläche in der oberen linken Ecke des Word-Fensters öffnet eine Liste aller Befehle, die Sie zum Verwalten von Word-Dokumenten benötigen.

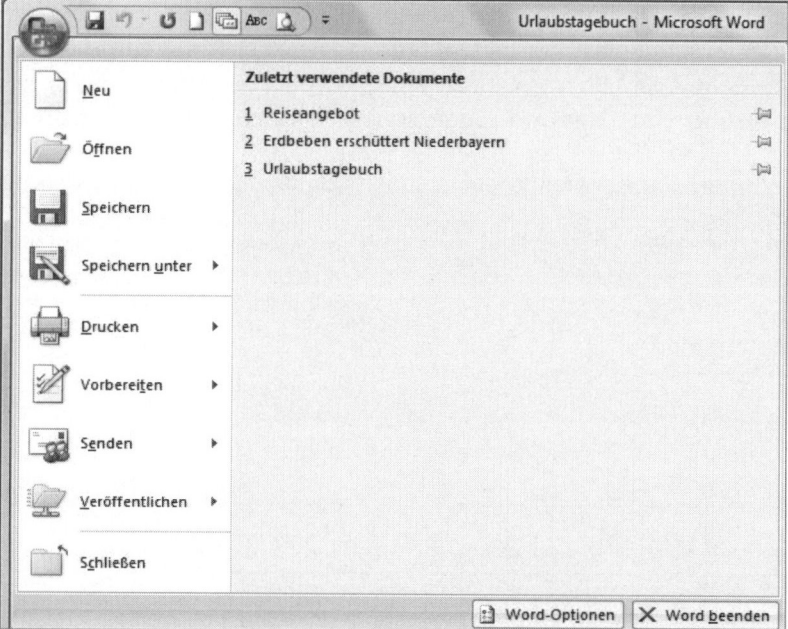

2.1. Dokument speichern

Dokument speichern

Geöffnete Dokumente befinden sich im Arbeitsspeicher (RAM) Ihres Computers. Bevor Sie Word beenden, sollten Sie nicht vergessen, Ihre Daten auch auf der Festplatte oder einem anderen Datenträger zu speichern. Klicken Sie dazu entweder in der SYMBOLLEISTE FÜR DEN SCHNELLZUGRIFF auf das Symbol SPEICHERN oder klicken Sie auf die OFFICE-SCHALTFLÄCHE und wählen hier den Befehl SPEICHERN.

Wurde das aktuelle Dokument zuvor noch nicht gespeichert, so öffnet Word in beiden Fällen das Dialogfenster SPEICHERN UNTER. Als Dateiname schlägt Windows standardmäßig die ersten Zeichen des Dokuments vor, bei einem leeren Dokument ist dies die Nummer des Dokuments, z.B. Dok2. Diesen Dateinamen können Sie einfach mit dem gewünschten Namen überschreiben. Das genaue Aussehen des Speichern-Dialogs hängt davon ab, welche Version von Windows auf Ihrem Computer installiert ist.

Windows XP

Unter Windows XP erscheint das folgende Dialogfenster zum Speichern. Der Name des aktuellen Ordners wird im Feld SPEICHERN IN: angezeigt, im Anzeigebereich darunter erscheint der Inhalt dieses Ordners. Benötigen Sie einen anderen Ordner, so klicken Sie links auf das Symbol des gewünschten Speicherorts oder öffnen Sie im Anzeigebereich mit Doppelklick einen Ordner. Geben Sie im Feld DATEINAME: einen Dateinamen ein und bestätigen Sie mit der Schaltfläche SPEICHERN.

Windows XP:
Speichern

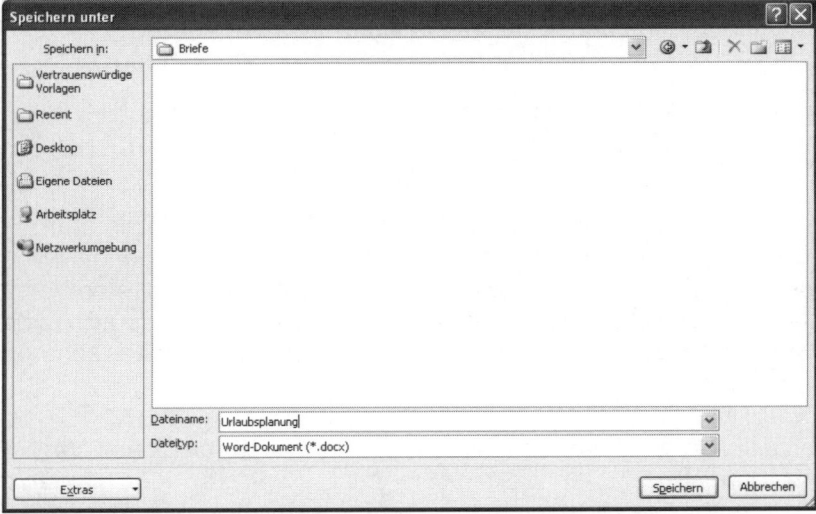

Windows Vista

Windows Vista verwendet ein etwas anderes Dialogfenster SPEICHERN UNTER. Die Adressleiste unterhalb des Fenstertitels enthält den Namen des aktuellen Ordners, standardmäßig ist dies der Ordner Dokumente. Links davor wird der Name des angemeldeten Benutzers angezeigt. Darunter können Sie den Navigationsbereich auf der linken Seite des Fensters benutzen, um schnell einen anderen Ordner zu wählen. Der Abschnitt Linkfavoriten listet die Standardordner von Windows Vista auf, darunter auch den Ordner Dokumente. Alle anderen Ordner und Laufwerke finden Sie über die darunterlegende Ordnerliste.

Windows Vista:
Speichern

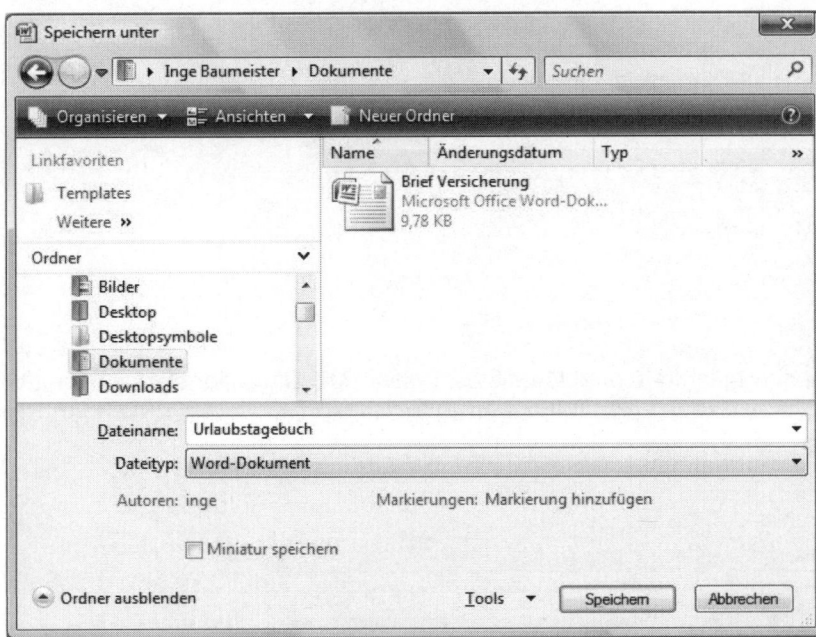

Sollte der eigentliche Anzeigebereich mit dem Navigationsbereich nicht sichtbar sein, so klicken Sie auf den Befehl Ordner durchsuchen.

Klicken Sie auf
ORDNER DURCHSUCHEN

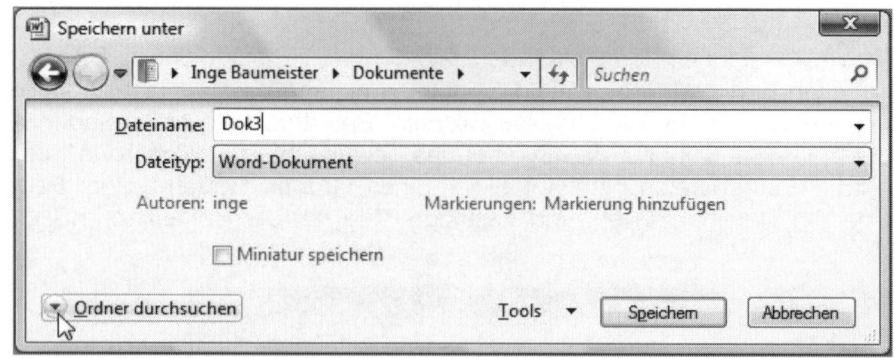

Dateityp

Das Office 2007
Dateiformat kann von
älteren Word-Versionen
nicht geöffnet werden.

Standardmäßig wird Ihr Dokument im XML-basierten Office 2007-Dateiformat mit der Dateinamenserweiterung .docx gespeichert. Dieses Dateiformat benötigt weniger Speicherplatz, ist aber nicht identisch mit dem Dateiformat von älteren Versionen von Word, wie beispielsweise Word 2003. Für den Austausch von Dokumenten kann es daher erforderlich sein, das Dokument in einem anderen Dateiformat zu speichern.

Nicht alle Word 2007-
Funktionen werden von
anderen Dateitypen
unterstützt!

Wenn Sie sicherzustellen möchten, dass das Dokument auch mit älteren Versionen geöffnet werden kann, dann sollten Sie beim Speichern den Dateityp Word 97-2003-Dokument (.doc) auswählen. Dazu klicken Sie auf die Office-Schaltfläche, zeigen auf den Befehl SPEICHERN UNTER und wählen WORD 97-2003-DOKUMENT. Beachten Sie aber, dass ältere Versionen nicht alle Funktionen von Word 2007 unterstützen, so dass dabei Informationen verloren gehen können.

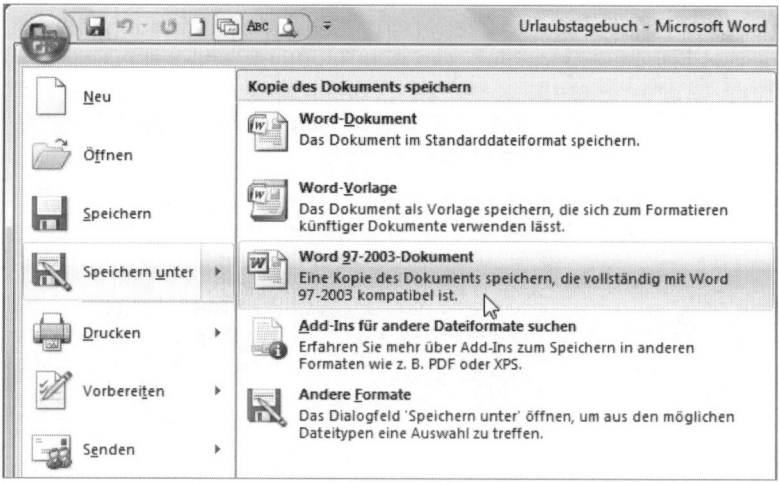

Dateityp auswählen

Eine zweite Wahlmöglichkeit des Dateityps bietet das Dialogfenster SPEICHERN UNTER. Klicken Sie auf den Auswahlpfeil im Eingabefeld DATEITYP und wählen Sie den entsprechenden Typ aus.

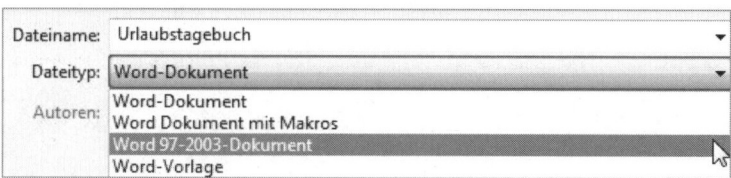

Was ist der Unterschied zwischen den Befehlen SPEICHERN und SPEICHERN UNTER?

Wenn Sie ein neues Dokument zum ersten Mal speichern, dann müssen Sie in jedem Fall zuerst Dateiname und Speicherort festlegen, Word öffnet automatisch das Fenster SPEICHERN UNTER.

Beim ersten Speichern muss ein Dateiname angegeben werden

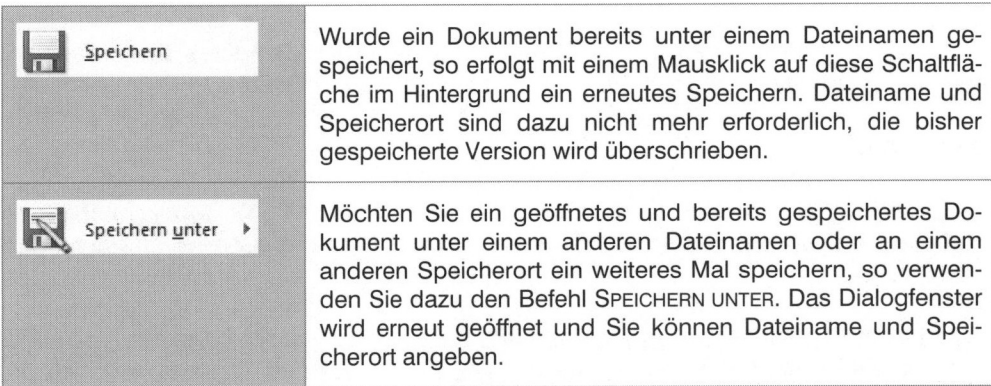

Speichern	Wurde ein Dokument bereits unter einem Dateinamen gespeichert, so erfolgt mit einem Mausklick auf diese Schaltfläche im Hintergrund ein erneutes Speichern. Dateiname und Speicherort sind dazu nicht mehr erforderlich, die bisher gespeicherte Version wird überschrieben.
Speichern unter ▸	Möchten Sie ein geöffnetes und bereits gespeichertes Dokument unter einem anderen Dateinamen oder an einem anderen Speicherort ein weiteres Mal speichern, so verwenden Sie dazu den Befehl SPEICHERN UNTER. Das Dialogfenster wird erneut geöffnet und Sie können Dateiname und Speicherort angeben.

Automatisches Speichern

Im Fall eines Programmabsturzes gehen nicht gespeicherte Daten verloren. Für diesen Fall verfügt Word über die Option AUTOWIEDERHERSTELLEN. Dabei wird während der Arbeit an einem Dokument in festen Intervallen automatisch im Hintergrund gespeichert. Die Speicherung erfolgt in eine temporäre Datei auf der Festplatte Ihres PCs, die beim Beenden von Word wieder gelöscht wird. Bei einem Programmabsturz dagegen bleibt diese temporäre Datei erhalten. Nach dem nächsten Start von Word, bzw. beim Öffnen des Dokuments können Sie auf die Daten der temporären Datei zugreifen. Wählen Sie die Version, die Sie beibehalten wollen und vergessen Sie nicht, diese Version erneut zu speichern.

Dokument bei einem Programmabsturz wiederherstellen

Die Einstellungen dazu finden Sie über die OFFICE-Schaltfläche. Klicken Sie unten rechts auf WORD-OPTIONEN.

Office-Schaltfläche
Word-Optionen

- Ein Dialogfenster wird geöffnet, in dem Sie verschiedene allgemeine Optionen von Word festlegen können. Klicken Sie im linken Bereich des Fensters auf die Kategorie SPEICHERN.

- Das Kontrollkästchen AUTOWIEDERHERSTELLEN-INFORMATIONEN SPEICHERN aktiviert und deaktiviert diese Option, geben Sie daneben das gewünschte Intervall in Minuten an.

Auto Wiederherstellen-Informationen speichern

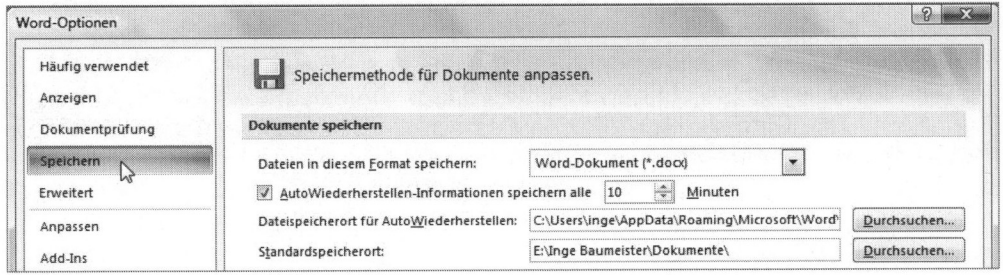

Standardspeicherort ändern

An dieser Stelle können Sie auch den Standardspeicherort für Ihre Word Dokumente ändern. Standardmäßig schlägt Word beim Speichern den Ordner DOKUMENTE vor. Falls erforderlich, klicken Sie auf DURCHSUCHEN und wählen Sie anschließend den gewünschten Ordner aus.

Standardspeicherort

2.2.   Ein neues Dokument erstellen

Neues leeres Dokument

Bei jedem Start von Word erscheint automatisch ein neues, leeres Dokument und Sie können mit der Texteingabe beginnen. Benötigen Sie weitere neue Dokumente, so klicken Sie auf die Office-Schaltfläche und anschließend auf den Befehl NEU. Im anschließenden Dialogfenster bietet Word nicht nur ein leeres Dokument an, sondern auch eine Reihe von Vorlagen für verschiedene Zwecke.

Das Dialogfenster enthält drei Bereiche:
Im linken Bereich finden Sie eine Übersicht über verschiedenen Vorlagenkategorien. Der mittlere Bereich listet die verfügbaren Vorlagen der jeweils markierten Kategorie auf und rechts sehen Sie eine Vorschau auf die ausgewählte und markierte Vorlage.

Neues leeres
Dokument

Standardmäßig ist die Kategorie LEER UND ZULETZT VERWENDET bereits ausgewählt, Klicken Sie im mittleren Bereich auf LEERES DOKUMENT und anschließend auf die Schaltfläche ERSTELLEN.

Dokumentvorlage verwenden

Wie Sie eigene
Vorlagen erstellen,
siehe Lektion 9

Über den Befehl NEU der OFFICE-Schaltfläche sind auch verschiedene Vorlagen für Dokumente verfügbar. Vorlagen sind fertig gestaltete Dokumente, Sie müssen nur noch den gewünschten Inhalt hinzufügen. Word unterscheidet zwischen installierten Vorlagen, die als fester Bestandteil von Word 2007 auf Ihrem Computer bereits vorhanden sind und Vorlagen, die bei vorhandenem Internet-Anschluss bei Microsoft online verfügbar sind. Sobald Sie mit der Maus eine der Kategorien im linken Bereich markieren, erscheint rechts daneben eine Vorschau auf die einzelnen Vorlagen. Markieren Sie die gewünschte Vorlage mit einem Mausklick und klicken Sie anschließend auf die Schaltfläche ERSTELLEN (bei installierten Vorlagen) oder DOWNLOAD (bei online verfügbaren Vorlagen).

2.3.   Dokument öffnen

Zuletzt verwendete Dokumente

Die zuletzt bearbeiteten
Dokumente

Klicken Sie auf die OFFICE-Schaltfläche. Im Bereich ZULETZT VERWENDETE DOKUMENTE listet Word automatisch diejenigen Dokumente auf, die Sie zuletzt bearbeitet haben. Zum Öffnen klicken Sie einfach auf den Dateinamen. Sollten Sie in der Zwischenzeit eine Datei gelöscht oder umbenannt haben, so erhalten Sie beim Öffnen eine Fehlermeldung.

Die genaue Anzahl der Einträge in dieser Liste steuern Sie über die Schaltfläche WORD-OPTIONEN. Klicken Sie auf die Kategorie ERWEITERT, im Abschnitt ANZEIGEN können Sie nun festlegen, wie viele zuletzt verwendete Dokumente angezeigt werden sollen, ältere Dokumente verschwinden automatisch aus der Liste.

Die Liste der zuletzt verwendeten Dokumente verwalten

Die zuletzt verwendeten Dokumente sind rechts zusätzlich mit kleinen Pin-Symbolen versehen. Mit einem Mausklick auf das Symbol können Sie den Pin ändern:

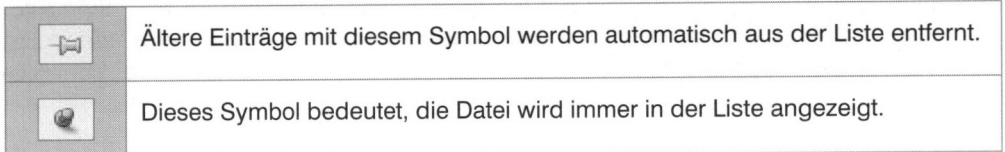

	Ältere Einträge mit diesem Symbol werden automatisch aus der Liste entfernt.
	Dieses Symbol bedeutet, die Datei wird immer in der Liste angezeigt.

Dokument öffnen

Mit dem Befehl ÖFFNEN öffnet Word ein Dialogfenster, mit dem Sie auf alle Dokumente zugreifen können. Das Aussehen des Dialogfensters ist wieder abhängig vom Betriebssystem. Auch beim Öffnen wird, ebenso wie beim Speichern zunächst der Inhalt des Standardordners angezeigt. Befindet sich die benötigte Datei in einem anderen Ordner, müssen Sie diesen zuerst wieder auswählen. Dazu gehen Sie genauso vor, wie bereits beim Speichern beschrieben.

Dokument öffnen

Windows Vista - Dokument öffnen

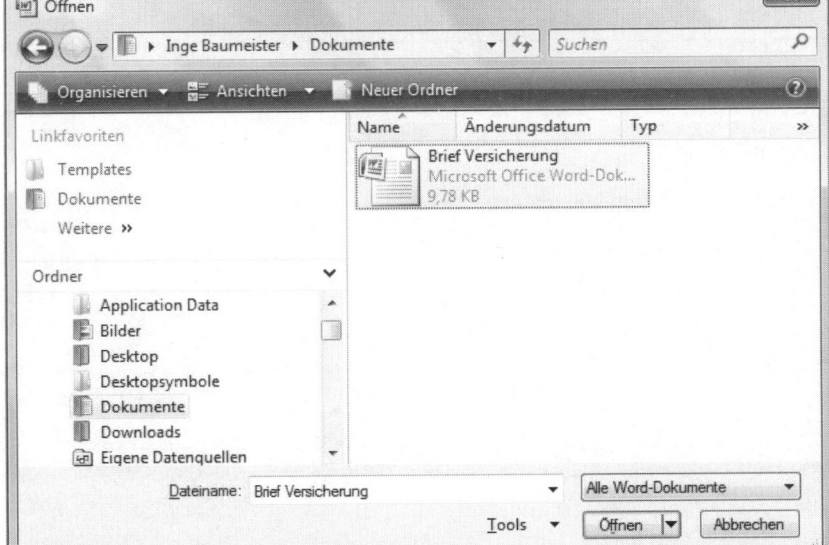

Markieren Sie im Anzeigebereich das Symbol der gewünschten Datei mit einem Mausklick und bestätigen Sie anschließend mit der Schaltfläche ÖFFNEN oder öffnen Sie die Datei mit einem Doppelklick.

2.4. Zusammenfassung

- Die OFFICE-Schaltfläche listet alle zuletzt verwendeten Dokumente auf und stellt alle Befehle bereit, die Sie zum Verwalten von Word Dokumenten benötigen. Hier finden Sie auch die Schaltfläche WORD-OPTIONEN, über die Sie die allgemeinen Einstellungen zu Word ändern können.

- Beim Speichern eines Word-Dokuments müssen Sie einen Dateinamen und einen Ordner oder ein Laufwerk als Speicherort angeben. Welcher Ordner als Standardordner verwendet wird, hängt vom jeweiligen Betriebssystem ab. Im Gegensatz zu früheren Versionen von Word speichert Word 2007 Dokumente im XML-basierten Office 2007 Dateiformat mit der Dateinamenserweiterung .docx. Damit Dokumente auch mit älteren Word-Versionen geöffnet werden können, müssen Sie in einem anderen Dateiformat gespeichert werden.

- Während der Bearbeitung werden automatisch Informationen zum AutoWiederherstellen Ihres Dokuments in regelmäßigen Intervallen in einer temporären Datei gespeichert. Dadurch kann ein Dokument nach einem eventuellen Programmabsturz wiederhergestellt werden. Beim normalen Beenden von Word wird diese temporäre Datei dagegen gelöscht, Sie sollten also nicht vergessen, alle Änderungen am Dokument zu speichern.

- Anstatt mit einem neuen, leeren Dokument zu beginnen können Sie auch verschiedene, bereits gestaltete Vorlagen verwenden. Diese Vorlagen finden Sie über die Schaltfläche NEU der OFFICE-Schaltfläche.

Bemerkungen:

_____

_____

_____

3. Texteingabe und Textkorrektur

In dieser Lektion lernen Sie...

- Text eingeben und nachträglich korrigieren
- Text markieren, verschieben und kopieren
- Zeilenumbruch und nicht druckbare Zeichen
- Rechtschreibung und Grammatik

Was Sie für diese Lektion wissen sollten:

- Die Arbeitsumgebung von Word

Nach dem Starten von Microsoft Word erscheint automatisch ein neues leeres Dokument auf dem Bildschirm. Sie können daher sofort mit der Texteingabe über die Tastatur beginnen. Wenn Sie mit der Tastatur und der Eingabe von Text am Computer noch nicht vertraut sind, sollten Sie sich mit den Grundlagen der Texteingabe befassen. Im Anhang finden Sie eine deutsche Tastatur mit allen Tasten.

Übersicht über die Tasten einer Tastatur im Anhang

3.1. Text eingeben

Oben links, am Textanfang ist ein blinkender, senkrechter Strich sichtbar, die Einfügemarke oder der Cursor. Jedes Zeichen, das Sie über die Tastatur eintippen, erscheint auf dem Bildschirm an der Cursorposition, gleichzeitig wird der Cursor und damit das Textende nach rechts, bzw. nach unten verschoben.

Verwechseln Sie den Cursor nicht mit dem Mauszeiger!

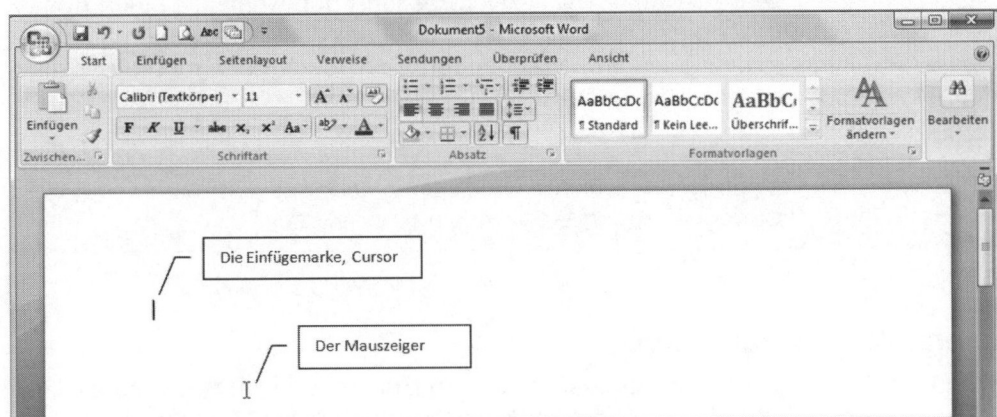

Wichtige Tasten bei der Eingabe:

⇧	Zur Eingabe von Großbuchstaben halten Sie gleichzeitig die Umschalt-, oder Shift-Taste gedrückt.
⇩	Durch einmaliges Betätigen der Feststelltaste schalten Sie um auf dauerhafte Großschreibung. Drücken Sie nochmals die Feststelltaste, um diesen Modus wieder zu beenden.
⇥	Zum Überbrücken größerer Zwischenräume innerhalb einer Zeile verwenden Sie besser die Tabulator- oder Tab-Taste.
↵	Zum Beenden eines Absatzes drücken Sie die Eingabe-, Enter- oder Return-Taste.

Nicht druckbare Steuerzeichen

Nicht druckbare
Zeichen ein- und
ausblenden

Word kann am Bildschirm auch Zeichen darstellen, die später auf dem Ausdruck nicht erscheinen, sie werden auch als Steuerzeichen bezeichnet. Daher kann möglicherweise rechts vom Cursor noch ein anderes Zeichen sichtbar sein, ¶ die Absatzendemarke. Dieses Zeichen erscheint, wenn Sie mit der Eingabe-Taste einen Absatz beenden. Weitere Zeichen sind Leerzeichen zwischen zwei Wörtern und Tabulator. Die Anzeige dieser Zeichen steuern Sie mit der Schaltfläche ALLE ANZEIGEN im Register START, Gruppe ABSATZ.

> Nicht·druckbare··Zeichen·können··in·Word·ein-·und·ausgeblendet·werden.··Dazu·zählen·
> Absatzende,·Leerzeichen·zwischen·den·Wörtern·und·→ Drücken·der·Tabulatortaste.¶
> ¶
> Am·Absatzende·und·in·Leerzeilen·erscheint·dieses·Zeichen.¶
> ¶

Die Steuerzeichen
liefern nützliche
Informationen

Die Anzeige der Steuerzeichen wirkt zwar anfangs störend, liefert aber nützliche Informationen. Beispielsweise wenn es darum geht die Anzahl der Leerzeilen im Text zu ermitteln oder herauszufinden, warum Word im Text plötzlich eine neue Zeile beginnt.

Absätze und automatischer Zeilenumbruch

Automatischer
Zeilenumbruch

Passt während der Eingabe ein Wort nicht mehr in eine Zeile, so wandert das Wort automatisch an den Anfang der nächsten Zeile, es erfolgt ein automatischer Zeilenumbruch. Wenn Sie nachträgliche Änderungen am Text vornehmen, also Text einfügen oder löschen, oder eine größere oder kleinere Schrift wählen, dann passt sich der Zeilenumbruch jedes Mal automatisch an. Die Eingabe- oder Return-Taste benötigen Sie daher bei einer Textverarbeitung nur, wenn Sie einen Absatz beenden oder Leerzeilen einfügen wollen. Unter einem Absatz versteht man in der Textverarbeitung einen zusammenhängenden Text, auch über mehrere Zeilen, der mit einem Absatzende beendet wird.

¶
Absatzende

Verwenden Sie die Eingabe-Taste nur, um einen Absatz zu beenden, nicht aber innerhalb eines zusammenhängenden Textes am Ende jeder Zeile.

Leerzeilen überbrücken

Schnell Leerzeilen
erzeugen

Während der Eingabe kann der Mauszeiger im Dokument auch noch andere Formen annehmen. Mit Hilfe der Funktion "KLICKEN UND EINGEBEN" können Sie bei der Eingabe schnell größere Abstände im Text erzeugen: Möchten Sie beispielsweise in der Mitte eines leeren Dokuments mit der Texteingabe beginnen, dann zeigen Sie an die betreffende Stelle. Nach einem Doppelklick erscheint hier auch der Cursor und Sie können mit der Eingabe beginnen. Achten Sie dabei auf den Mauszeiger!

Nur unterhalb oder
rechts vom Textende
verfügbar!

I≡	Dieser Mauszeiger bedeutet, der Text wird bei der Eingabe am linken Seitenrand ausgerichtet (linksbündig)
I=	Ist dieser Mauszeiger sichtbar, so wird der Text automatisch zwischen dem linken und rechten Seitenrand zentriert
≡I	Mit diesem Mauszeiger wird Text bei der Eingabe am rechten Seitenrand ausgerichtet (rechtsbündig)

3.2. Im Text bewegen

Genauso wie die Eingabe, sind auch spätere Änderungen immer nur an der Cursorposition möglich. Sie müssen daher immer zuerst den Cursor an die entsprechende Stelle setzen, bevor Sie Korrekturen am Text vornehmen können. Der Cursor kann nur innerhalb des bereits eingegebenen Textes positioniert werden! Die einfachste Möglichkeit, den Cursor zu bewegen bietet die Maus: Zeigen Sie an die betreffende Stelle und klicken Sie anschließend.

Klicken Sie mit der Maus an die gewünschte Stelle

Verwechseln Sie den Cursor nicht mit dem Mauszeiger! Die Position des Cursors ist unabhängig von der Position des Mauszeigers. Es genügt daher nicht, wenn Sie mit der Maus auf eine Textstelle zeigen, Sie benötigen einen Mausklick.

Wenn Sie den Cursor mit Hilfe der Tastatur, beispielsweise während der Eingabe bewegen möchten, dann können Sie die folgenden Tasten, bzw. Tastenkombinationen verwenden:

Tastenkombinationen, die den Cursor im Text bewegen

Pfeiltaste links/rechts ← →	Bewegt den Cursor um ein Zeichen nach rechts oder links
Strg + →	Setzt den Cursor an den Anfang des nächsten Wortes
Strg + ←	Bewegt den Cursor um ein Wort nach links
Pfeiltaste oben/unten ↑ ↓	Bewegt den Cursor um eine Zeile nach oben oder unten
Strg + ↑	Zum Absatzanfang
Strg + ↓	Zum Anfang des nächsten Absatzes
Pos1	An den Anfang der aktuellen Zeile
Ende	An das Ende der aktuellen Zeile
Strg + Pos1	Zum Dokumentanfang
Strg + Ende	Zum Dokumentende
Bild nach oben	Eine Bildschirmseite nach unten
Bild nach unten	Eine Bildschirmseite nach oben

In umfangreichen Dokumenten blättern

In längeren Dokumenten ist am Bildschirm nur ein Ausschnitt des gesamten Textes sichtbar. Verwenden Sie entweder die Bildlaufleiste am rechtem Bildschirmrand, das Rad der Maus, oder die Tasten Bild auf / ab, um durch den Text zu blättern (Scrollen). Zusätzliche Schaltflächen zum Blättern finden Sie am unteren Ende der Bildlaufleiste.

Die Schaltflächen der Bildlaufleiste

3.3. Text korrigieren

Text löschen

Entf:
Löscht Zeichen rechts vom Cursor

Rückschritt-Taste:
Löscht Zeichen links vom Cursor

Einzelne Zeichen löschen Sie mit der Taste **Entf** (Entfernen / engl. Del, delete) oder der Korrekturtaste oberhalb der Eingabetaste. Positionieren Sie zuerst den Cursor an der gewünschten Stelle und benutzen Sie dann eine der beiden Tasten:

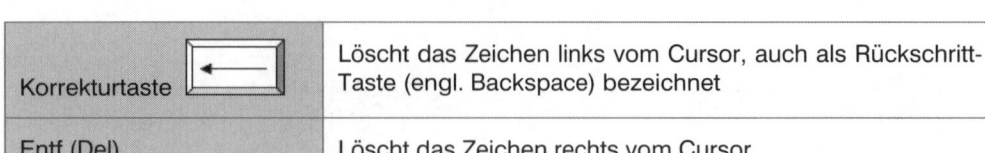

Korrekturtaste ←	Löscht das Zeichen links vom Cursor, auch als Rückschritt-Taste (engl. Backspace) bezeichnet
Entf (Del)	Löscht das Zeichen rechts vom Cursor

Siehe nächster Abschnitt: Text markieren

Mit diesen beiden Tasten können Sie beliebig viele Zeichen nacheinander löschen. Bei längeren Textteilen ist es einfacher, wenn Sie den Text zuvor markieren und dann mit einem einzigen Tastendruck löschen.

> Beim Löschen rückt der übrige Text automatisch wieder nach links.

¶

Blenden Sie die Steuerzeichen ein

Auch nicht druckbare Steuerzeichen wie Absatzende, Tabulator oder Leerzeichen können gelöscht werden. Beginnt beispielsweise innerhalb eines Wortes plötzlich eine neue Zeile, dann haben Sie vermutlich die Eingabe-Taste gedrückt, während sich der Cursor im Wort befand und dadurch an dieser Stelle ein Absatzende eingefügt. Als Abhilfe sorgen Sie dafür, dass die Absatzendemarke sichtbar ist. Nun können Sie dieses Zeichen löschen und die restliche Zeile wandert wieder nach oben.

> Wenn·plötzlich·mitten·im·Wo¶
> rt·eine·neue·Zeile·beginnt,·dann·haben·Sie·die·Eingabe-Taste·gedrückt,·während·sich·der·Cursor·an·
> dieser·Stelle·im·Wort·befand.¶

Text nachträglich einfügen

Um zusätzliche Zeichen einzufügen, setzen Sie den Cursor an die gewünschte Stelle und geben die Zeichen über die Tastatur ein. Bereits bestehender Text rechts vom Cursor bleibt erhalten und wird automatisch nach rechts verschoben.

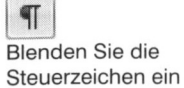

Standardmäßig arbeitet Word im **Einfügemodus**

> Beim nachträglichen Einfügen rückt bereits bestehender Text nach rechts. Dieser Einfügemodus ist in Word standardmäßig aktiviert.

Überschreibmodus

Eine weitere Möglichkeit, nämlich der **Überschreibmodus** bei dem vorhandener Text durch nachträgliche Eingabe von Zeichen überschrieben wird, ist normalerweise deaktiviert. Durch Drücken der Taste **Einfg** (Einfügen, engl. Ins, insert) kann zwischen Überschreib- und Einfügemodus gewechselt werden. Im Gegensatz zu früheren Versionen von Word ist diese Funktion standardmäßig ausgeschaltet und muss erst über die Word-Optionen bei Bedarf aktiviert werden.

Tippfehler korrigieren

> Bei der Korrektur von Tippfehlern brauchen Sie also nur den Cursor an der betreffenden Stelle positionieren, das falsch eingetippte Zeichen löschen und anschließend das korrekte Zeichen über die Tastatur eingeben.

Rückgängig und wiederherstellen

Die meisten Bearbeitungsschritte, wie versehentliches Löschen oder Überschreiben können in Word wieder rückgängig gemacht werden. Die Schaltflächen dazu finden Sie in der Symbolleiste für den Schnellzugriff.

 Rückgängig

Wiederholen

Rückgängig: Löschen (Strg+Z)

Sie können nacheinander auch mehrere Schritte wieder rückgängig machen, indem Sie mehrmals auf die Schaltfläche klicken. Haben Sie zu viele Schritte rückgängig gemacht, bzw. wollen Sie die zuvor rückgängig gemachten Aktionen wiederherstellen, dann verwenden Sie die Schaltfläche WIEDERHOLEN.

Befehle wie Speichern oder Drucken können nicht rückgängig gemacht werden.

3.4. Text markieren

Mit der Maus

Wenn Sie mehrere Wörter gleichzeitig löschen möchten, dann sollten Sie den Text zuvor markieren. Markierten Text können Sie durch einmaliges Drücken der Korrekturtaste oder der Entf-Taste löschen. Aber auch für viele andere Bearbeitungsschritte müssen Sie den Text zuvor markieren. Markieren bedeutet also einfach, eine Textstelle für weitere Schritte hervorheben.

Text mit gedrückter linker Maustaste markieren

Am einfachsten markieren Sie Text mit der Maus: Bewegen Sie den Mauszeiger an den Anfang der Textstelle, die Sie markieren wollen, drücken Sie die linke Maustaste und halten Sie Taste gedrückt, während Sie gleichzeitig den Mauszeiger über den Text bewegen. Lassen Sie los, wenn die gewünschte Textstelle markiert ist. Markierten Text erkennen Sie am blaugrauen Hintergrund. Um eine Markierung wieder aufzuheben, klicken Sie mit der Maus an eine beliebige Stelle des Dokuments.

Die Markierung wird mit einem Mausklick aufgehoben

Text markieren

Erdbeben erschüttert Niederbayern

Ein Erdbeben mit der Stärke 5,4 auf der Richterskala hat am frühen Sonntagmorgen tausende Niederbayern aus dem Schlaf gerissen. Nach ersten Erkenntnissen der Polizei entstand nur geringer Sachschaden.

Ein Erdbeben mit der Stärke 5,4 hat Tausende Menschen in Niederbayern aus dem Schlaf gerissen. Nach ersten Erkenntnissen der Polizei entstand nur geringer Sachschaden. Das Epizentrum lag am Sonntagmorgen zwischen Vilshofen und Passau. Die Erdstöße seien in einem Umkreis von bis zu 250 Kilometern spürbar gewesen, teilte das Landesamt für Geologie, Rohstoffe und Bergbau in Oberammergau mit. Auch viele Menschen in Österreich und in Tschechien wurden verängstigt. Tausende besorgte Bürger meldeten sich telefonisch bei den Polizeidienststellen.

So markieren Sie mit der Maus:

Ein einzelnes Wort	Doppelklick in das Wort
Ein Satz	Drücken Sie die Strg-Taste und klicken Sie in den Satz.
Eine Zeile	Klicken Sie mit der Maus am linken Rand vor der gewünschten Zeile. Dieser Bereich ist die so genannte Markierungsspalte, der Mauszeiger wird als Pfeil dargestellt.

Mehrere zusammenhängende Zeilen	Bewegen die Maus mit gedrückter linker Maustaste in der Markierungsspalte nach oben oder unten.
Ein Absatz	Doppelklick in der Markierungsspalte neben dem Absatz oder klicken Sie dreimal innerhalb des Absatzes an eine beliebige Stelle.
Das gesamte Dokument	Drücken Sie die Tastenkombination Strg + A

Die Markierungsspalte

> Ein Erdbeben mit der Stärke 5,4 hat Tausende Menschen in Niederbayern aus dem Schlaf gerissen. Nach ersten Erkenntnissen der Polizei entstand nur geringer Sachschaden. Das Epizentrum lag am Sonntagmorgen zwischen Vilshofen und Passau. Die Erdstöße seien in einem Umkreis von bis zu 250 Kilometern spürbar gewesen, teilte das Landesamt für Geologie, Rohstoffe und Bergbau in Oberammergau mit. Auch viele Menschen in Österreich und in Tschechien wurden verängstigt. Tausende besorgte Bürger meldeten sich telefonisch bei den Polizeidienststellen.

Nicht zusammenhängende Bereiche markieren

Mehrere nicht zusammenhängende Bereiche mit gedrückter Strg-Taste markieren

Mehrere, nicht zusammenhängende Bereiche markieren Sie mit gedrückter Strg-Taste, dabei gehen Sie so vor:

1. Markieren Sie die erste Textstelle.
2. Drücken Sie dann die Strg-Taste, halten Sie die Taste gedrückt, während Sie nun nacheinander die gewünschten Bereiche mit der Maus markieren.
3. Lassen Sie die Strg-Taste los, dann bleiben alle Textstellen solange markiert, bis Sie mit der Maus an eine andere Stelle klicken.

Erdbeben erschüttert Niederbayern

Ein Erdbeben mit der Stärke 5,4 auf der Richterskala hat am frühen Sonntagmorgen tausende Niederbayern aus dem Schlaf gerissen. Nach ersten Erkenntnissen der Polizei entstand nur geringer Sachschaden.

Ein Erdbeben mit der Stärke 5,4 hat Tausende Menschen in Niederbayern aus dem Schlaf gerissen. Nach ersten Erkenntnissen der Polizei entstand nur geringer Sachschaden. Das Epizentrum lag am Sonntagmorgen zwischen Vilshofen und Passau. Die Erdstöße seien in einem Umkreis von bis zu 250 Kilometern spürbar gewesen, teilte das Landesamt für Geologie, Rohstoffe und Bergbau in Oberammergau mit. Auch viele Menschen in Österreich und in Tschechien wurden verängstigt. Tausende besorgte Bürger meldeten sich telefonisch bei den Polizeidienststellen.

Mit der Tastatur markieren

Anstelle der Maus können Sie auch die Tastatur zum Markieren verwenden:

- entweder mit den Pfeiltasten in Verbindung mit der Umschalt-Taste oder

F8 aktiviert den Erweiterungsmodus

- mit dem so genannten Erweiterungsmodus, den Sie mit der Funktionstaste **F8** aktivieren und mit der Esc-Taste wieder deaktivieren. Im Erweiterungsmodus markieren Sie gleichzeitig, während Sie den Cursor im Text bewegen. Wenn Sie im Erweiterungsmodus mit der Maus im Text klicken, dann wird der Text ebenfalls bis zu dieser Stelle markiert.

Im Erweiterungsmodus markieren

Weitere Möglichkeiten des Erweiterungsmodus:

Das aktuelle Wort markieren	2mal F8
Den aktuellen Satz markieren	3mal F8
Den aktuellen Absatz markieren	4mal F8
Das gesamte Dokument markieren	5mal F8

Markierten Text überschreiben

Zum Löschen von markiertem Text verwenden Sie entweder die Korrekturtaste oder die Entf-Taste. Wenn Sie aber den vorhandenen Text durch einen anderen ersetzen wollen, dann genügt es, wenn Sie die Textstelle markieren und durch Tastatureingabe ohne vorheriges Löschen einfach überschreiben. Die Länge des Textes spielt dabei keine Rolle.

Markierter Text kann einfach überschrieben werden

Beispiel:

Sie möchten in einem längeren Text das Wort "Textverarbeitungsprogramm" ersetzen durch den Ausdruck "Microsoft Word". Markieren Sie das Wort, am einfachsten mit einem Doppelklick im Wort. Anschließend geben Sie einfach den neuen Begriff über die Tastatur ein.

3.5.   Rechtschreib- und Grammatikprüfung

Erscheinen während der Eingabe auf dem Bildschirm einzelne Wörter mit einer roten Wellenlinie unterstrichen? Dann wurden diese Wörter von der automatischen Rechtschreibprüfung als Fehler gekennzeichnet. Grammatikfehler werden mit einer grünen Wellenlinie hervorgehoben. Diese Kennzeichnung erscheint ausschließlich auf dem Bildschirm und nicht auf dem Ausdruck.

Rote Wellenlinie:
Rechtschreibung

Grüne Wellenlinie:
Grammatik

Die Überprüfung erfolgt automatisch während der Eingabe anhand eines Standardwörterbuches und integrierter Regeln für Rechtschreibung und Grammatik. Ist ein Wort nicht im Wörterbuch enthalten, wird es als Rechtschreibfehler gekennzeichnet.

Beachten Sie, dass nicht alle Rechtschreib- und Grammatikfehler von Word gefunden werden und korrekt geschriebene Wörter möglicherweise als Fehler hervorgehoben werden.

Die automatische Rechtschreibprüfung von Word prüft während der eingabe anhand eines Wörterbuchs die korekte Schreibweise und kennzeichnet Rechtschreibfehler mit einer roten Wellenlinie. Grammatikfehler werden mit einer grünen Wällenlinie gekennzeichnet.

Adressangaben, bzw. Namen werden zunächst als Fehler markiert.
Beispiel: Xaver Trumpelt
12345 Kainhausen
Bremsweg 44

Auch Fremdwörter - errare humanum est – nobody is perfect – bella italia –

Wörter: 55   Deutsch (Deutschland)   114 %

Korrekturmöglichkeiten

Zur Unterstützung bei der Korrektur von Rechtschreib- und Grammatikfehlern können Sie eine der folgenden Möglichkeiten nutzen:

Möglichkeit 1:

Klicken Sie mit der rechten Maustaste auf ein als fehlerhaft gekennzeichnetes Wort. Ein Kontextmenü mit Korrekturvorschlägen erscheint, wählen Sie mit einem Mausklick die richtige Schreibweise aus.

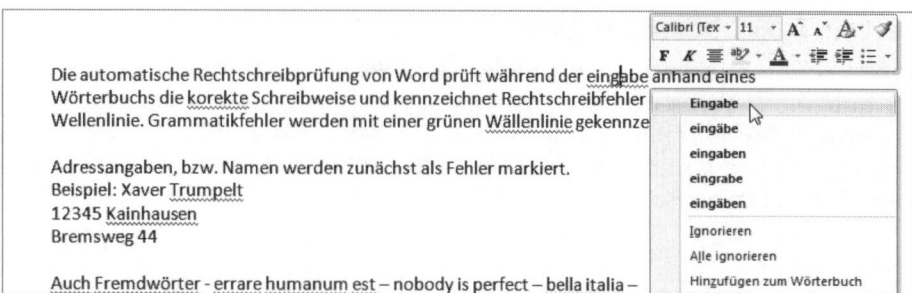

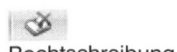
Rechtschreibung

Möglichkeit 2:

Klicken Sie in der Statuszeile am unteren Bildschirmrand auf das Symbol RECHT-SCHREIBUNG. Word beginnt automatisch am Anfang des Dokuments, markiert den ersten gefundenen Fehler und bietet eine Auswahl von Korrekturvorschlägen an. Klicken Sie mit der Maus auf die gewünschte Schreibweise. Mit einem erneuten Mausklick auf das Symbol Rechtschreibung fahren Sie mit der Korrektur fort.

Möglichkeit 3:

ABC

Rechtschreibung
und Grammatik

Wechseln Sie in das Register ÜBERPRÜFEN. Klicken Sie in der Gruppe DOKUMENT-PRÜFUNG auf die Befehlsschaltfläche RECHTSCHREIBUNG UND GRAMMATIK. Damit öffnet Word ein eigenes Dialogfenster und zeigt darin den ersten gefundenen Fehler im Dokument an. Wählen Sie unter den Korrekturvorschlägen die richtige Schreibweise aus und klicken Sie auf die Schaltfläche ÄNDERN.

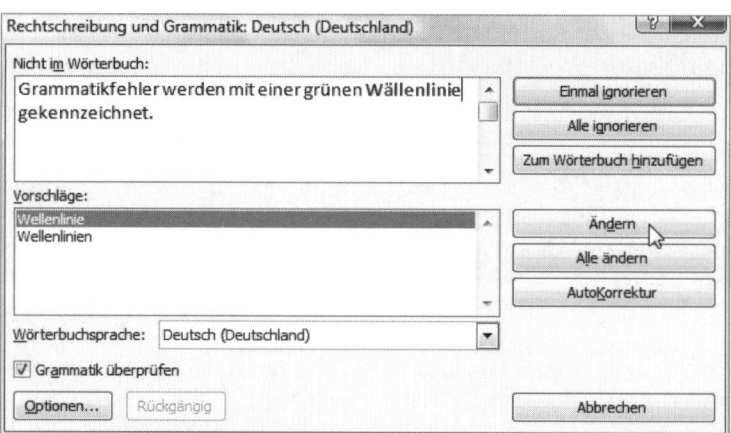

Tipps zur Rechtschreib-Korrektur

Wie gehen Sie vor, wenn ...

...die richtige Schreibweise in den Korrekturvorschlägen nicht enthalten ist:
Manchmal wird ein Fehler zwar erkannt, Word zeigt aber keine, oder nicht die richtigen Korrekturvorschläge an. Dann müssen Sie selbst die nötigen Änderungen vornehmen. Im Dialogfenster RECHTSCHREIBUNG UND GRAMMATIK müssen Sie auch in diesem Fall anschließend die Schaltfläche ÄNDERN verwenden.

...ein Wort richtig eingegeben wurde, aber als Fehler markiert wird:
Namen von Personen und Adressenangaben sind nicht im Wörterbuch von Word enthalten. In diesem Fall wählen Sie entweder die Option IGNORIEREN oder ALLE IGNORIEREN, um die Kennzeichnung auszublenden.

... der Text Fremdwörter enthält:
Fremdwörter oder fremdsprachliche Begriffe sind ebenfalls nicht im deutschen Wörterbuch enthalten. Sie können aber häufig verwendete Fremdwörter mit dem Befehl HINZUFÜGEN in das Wörterbuch mit aufnehmen.

...Sie die Sprache festlegen wollen:

Bei längeren fremdsprachlichen Texten, beispielsweise englischen Sätzen, sollten Sie die verwendete Sprache festlegen:

Dazu markieren Sie den Text und klicken anschließend in der Statusleiste auf die Schaltfläche SPRACHE (hier sehen Sie auch die Sprache, die Word aktuell im markierten Text für die Rechtschreibprüfung verwendet). Wählen Sie dann mit einem Mausklick die gewünschte Sprache aus. Diese gilt ausschließlich für den markierten Text.

Sprache für den markierten Text festlegen.

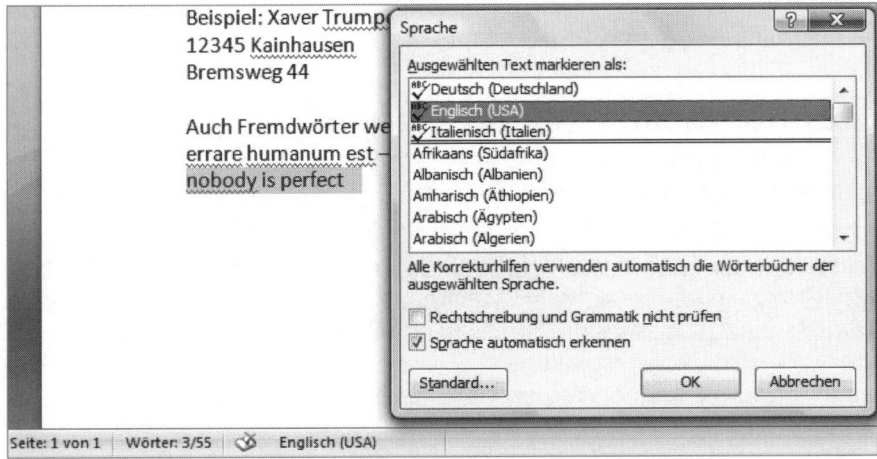

Optionen zur Rechtschreib- und Grammatikprüfung

Zusätzliche Einstellungen zur Rechtschreib- und Grammatikprüfung legen Sie über die Word-Optionen fest. Klicken Sie dazu auf die OFFICE-Schaltfläche und dann auf die Schaltfläche WORD-OPTIONEN. Klicken Sie auf den Eintrag DOKUMENT-PRÜFUNG und aktivieren, bzw. deaktivieren Sie die entsprechenden Kontrollkästchen.

Office-Schaltfläche
Word-Optionen

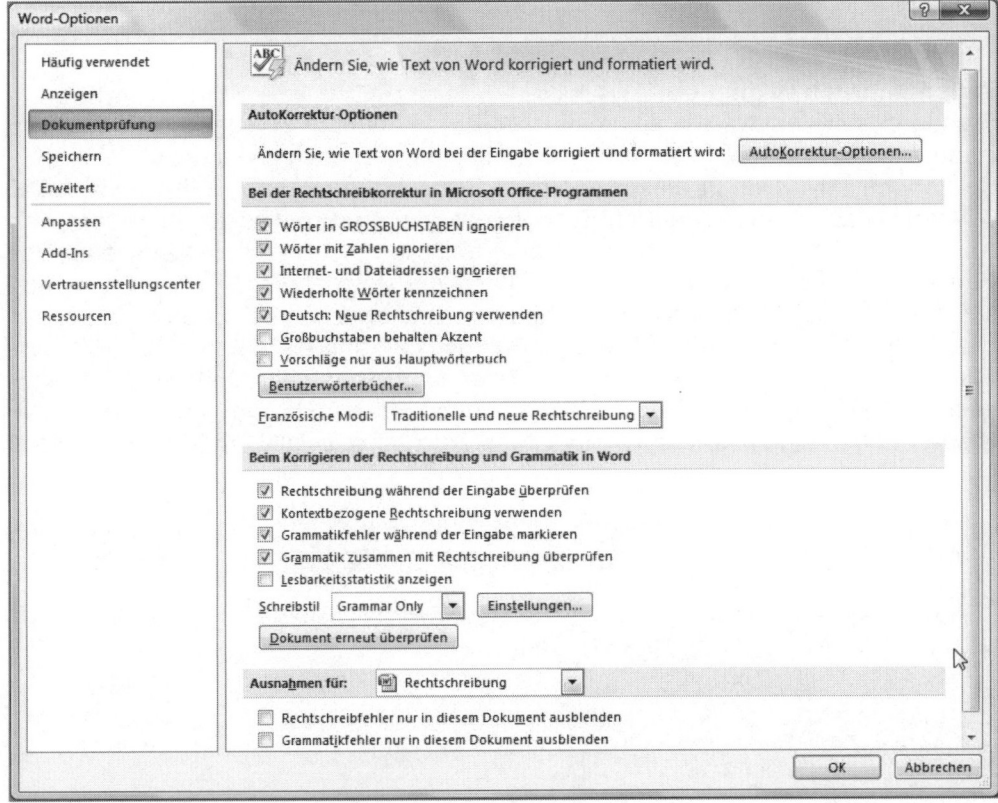

- Sie können festlegen, ob Word für die Rechtschreibprüfung die neue deutsche Rechtschreibung verwenden soll.

- Da es sich bei Wörtern in Großbuchstaben häufig um Produktbezeichnungen oder andere Ausdrücke handelt, können Sie diese Wörter ignorieren, Gleiches gilt auch für Internetadressen und Dateinamen, bzw. Suchpfade.

- Über die Kontrollkästchen können Sie auch die Kennzeichnung von Rechtschreib- und Grammatikfehlern im Dokument ausblenden.

3.6.　Besonderheiten bei der Eingabe

Zeilenumbruch steuern

Manueller Zeilenumbruch

← Neue Zeile, ohne einen Absatz zu beenden

Durch Drücken der Eingabe-Taste erzeugen Sie ein Absatzende und beginnen eine neue Zeile. In machen Fällen kann es sinnvoll sein, eine neue Zeile zu beginnen, ohne den Absatz zu beenden. Dies bezeichnet man in Word auch als manuellen Zeilenumbruch oder "weiche" Zeilenschaltung. Einen manuellen Zeilenumbruch fügen Sie mit den Tasten Umschalt + Eingabe-Taste ein.
Am Zeilenende erscheint dieses Zeichen:　←

Beispiel

> einziger·Computer·senden!·Senden·nun·dennoch·zwei·gleichzeitig,·so·entsteht·eine·Kollision,·die·von·
> der·Netzwerkkarte·erkannt·wird·und·beide·Computer·versuchen·nach·einer·kurzen·Wartezeit,·die·
> dem·Zufallsprinzip·unterliegt,·erneut·zu·senden.¶
>
> Busnetzwerke·sind·für·heutige·Netzwerke·nicht·mehr·zu·empfehlen,·da·sie·einige·schwerwiegende·
> Nachteile·besitzen:←
> Je·mehr·Computer·sich·in·einem·Netzwerk·befinden,·desto·langsamer·wird·das·gesamte·Netzwerk.←
> Ein·Kabelschaden·führt·zu·einem·Ausfall·des·gesamten·Netzwerks.←
> Es·können·maximal·30·Computer·an·ein·Netzwerk·angeschlossen·werden.←
> ¶

Zeilenumbruch verhindern

Standardmäßig erfolgt ein automatischer Zeilenumbruch zwischen zwei Wörtern, also bei einem Leerzeichen. Nicht immer ist dies aber auch erwünscht.
So können etwa, wie in diesem Beispiel Bezeichnungen oder Zahlen wie 1 000 000 km durch einen Zeilenumbruch getrennt werden. Um dies zu verhindern, verwenden Sie bei der Eingabe von Zahlen anstelle der Leerzeichen entweder den Punkt als Tausenderzeichen oder Sie fügen ein so genanntes geschütztes Leerzeichen ein, das zwar ein Leerzeichen anzeigt, aber keinen Zeilenumbruch an dieser Stelle zulässt. Auch bei einem Bindestrich kann ein automatischer Zeilenumbruch erfolgen, den Sie bei Namen oder Bezeichnungen durch Eingabe eines geschützten Bindestrichs verhindern können. Haben Sie die nicht druckbaren Steuerzeichen eingeblendet, so sind diese Zeichen ebenfalls am Bildschirm sichtbar:

Zeichen	Tastenkombination	Anzeige
Geschütztes Leerzeichen	Strg+Umschalt+Leertaste	1°000°kg·
Geschützter Bindestrich	Strg+Umschalt+Bindestrich	E–Mail·
Zeilenumbruch, ohne Absatzende	Umschalt+Eingabetaste	·werden.←

Seitenumbruch

Word erkennt auch automatisch das Ende einer Druckseite. Es erfolgt ein automatischer Seitenumbruch und eine neue Seite wird an das Dokument angefügt. Benötigen Sie einen Seitenumbruch an einer bestimmten Stelle, so fügen Sie im Dokument einen manuellen Seitenwechsel oder Seitenumbruch ein.

Eine neue Druckseite einfügen

Platzieren Sie den Cursor an der Stelle des Dokuments, an der Sie einen Seitenwechsel einfügen wollen und klicken Sie im Register EINFÜGEN, Gruppe SEITEN auf die Schaltfläche SEITENUMBRUCH. Ein Seitenumbruch wird immer links von der aktuellen Cursorposition eingefügt und wird zusammen mit den übrigen, nicht druckbaren Zeichen am Bildschirm als gepunktete Linie dargestellt.

Register EINFÜGEN

Wählen·Sie·neue·Designelemente·auf·der·Registerkarte·'Seitenlayout'·aus,·um·das·generelle·Layout· des·Dokuments·zu·ändern.·Verwenden·Sie·den·Befehl·zum·Ändern·des·aktuellen· Schnellformatvorlagen-Satzes,·um·die·im·Schnellformatvorlagen-Katalog·verfügbaren· Formatvorlagen·zu·ändern.·Die·Design--und·die·Schnellformatvorlagen-Kataloge·stellen·beide·Befehle· zum·Zurücksetzen·bereit,·damit·Sie·immer·die·Möglichkeit·haben,·das·ursprüngliche·Layout·des· Dokuments·in·der·aktuellen·Vorlage·wiederherzustellen.¶

--------Seitenumbruch--------¶

Beispiel manueller Seitenumbruch

Im Gegensatz zum automatischen Seitenumbruch können Sie einen manuellen Seitenumbruch auch jederzeit wieder löschen: Blenden Sie die nicht druckbaren Zeichen am Bildschirm ein, klicken Sie auf den Seitenumbruch und drücken Sie die Entf-Taste.

¶ ALLE ANZEIGEN
Nicht druckbare Zeichen einblenden

Silbentrennung

Während der Eingabe erfolgt keine automatische Trennung von Wörtern. Verzichten Sie aber bei der Texteingabe in jedem Fall auf die Eingabe von Trennstrichen in Form eines normalen Bindestrichs. Bei späteren Änderungen am Textinhalt und damit verbundenen Änderungen des Zeilenum-bruchs be-finden sich sonst die Trenn-striche wie in diesem Beispiel mitten im Text. Sie können aber jederzeit eine nachträgliche Silbentrennung vornehmen lassen. Klicken Sie dazu im Register SEITENLAYOUT, Gruppe SEITE EINRICHTEN auf die Schaltfläche SILBENTRENNUNG.

Verwenden Sie keinen Bindestrich als Trennstrich

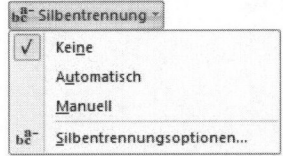
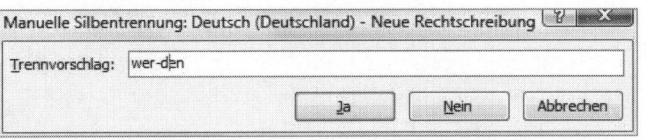

Manuelle Silbentrennung

Automatische Trennung
Aktivieren Sie die automatische Trennung, so führt Word im gesamten Text während der Eingabe und auch bei nachträglichen Änderungen automatisch eine Silbentrennung durch. In diesem Fall sollten Sie zuvor über die Silbentrennungsoptionen die maximale Zahl der aufeinanderfolgenden Trennstriche festlegen.

Manuelle Trennung
Bei manueller Trennung müssen Sie jeden Trennvorschlag bestätigen oder ändern. Word verwendet in diesem Fall automatisch bedingte Trennstriche.

Trennstriche eingeben
Wenn Sie während der Eingabe Trennstriche verwenden wollen, dann sollten Sie anstelle des normalen Bindestrichs den so genannten "bedingten Trennstrich" mit der Tastenkombination Strg+Bindestrich verwenden. Der bedingte Trennstrich wird nur dann gedruckt, wenn er benötigt wird, also am Ende einer Zeile. Nur bei eingeblendeten Steuerzeichen erscheint dieser Trennstrich in der Bildschirmanzeige auch inmitten einer Zeile, nicht aber auf dem Ausdruck.

Bedingte Trennstriche werden nur am Zeilenende gedruckt

	Tasten	Beispiel
Bedingter Trennstrich	Strg+Bindestrich	·er¬folgt·

Autokorrektur

Automatische Großschreibung am Satzanfang

Wenn während der Eingabe am Anfang eines neuen Satzes oder eines neuen Absatzes der erste Buchstabe eines versehentlich oder absichtlich klein geschriebenen Wortes automatisch in einen Großbuchstaben umgewandelt wird, dann liegt dies an der Autokorrektur von Word. Im Gegensatz zur Rechtschreibprüfung, die Fehler nur kennzeichnet, korrigiert die Autokorrektur häufige Rechtschreibfehler oder Buchstabendreher bereits während der Eingabe automatisch. So wandelt die Autokorrektur beispielsweise auch die Zeichenfolge "udn" um in das Wort "und". Nach Eingabe der Zeichenfolge mfg am Ende eines Briefes erscheint sofort die Grußformel "Mit freundlichen Grüßen".

Autokorrektur rückgängig machen

Gleichzeitig erscheint ein Smarttag, der Ihnen anbietet, die eingegebene Zeichenfolge beizubehalten oder die soeben erfolgte Autokorrektur rückgängig zu machen. Sie können aber auch die automatische Korrektur der eingegebenen Zeichenfolge deaktivieren.

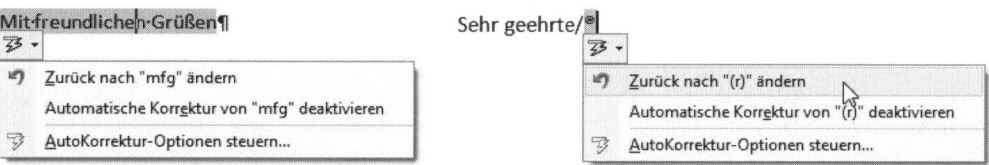

Mit dem Befehl AUTOKORREKTUR-OPTIONEN STEUERN… öffnen Sie ein Dialogfenster. Hier können Sie bei Bedarf auch dauerhaft deaktivieren, dass Word jeden Absatz und jeden Satz nach einem Punkt automatisch mit einem Großbuchstaben beginnt. Dies gilt nicht für die gebräuchlichen Abkürzungen, die Sie unter der Schaltfläche AUSNAHMEN finden.

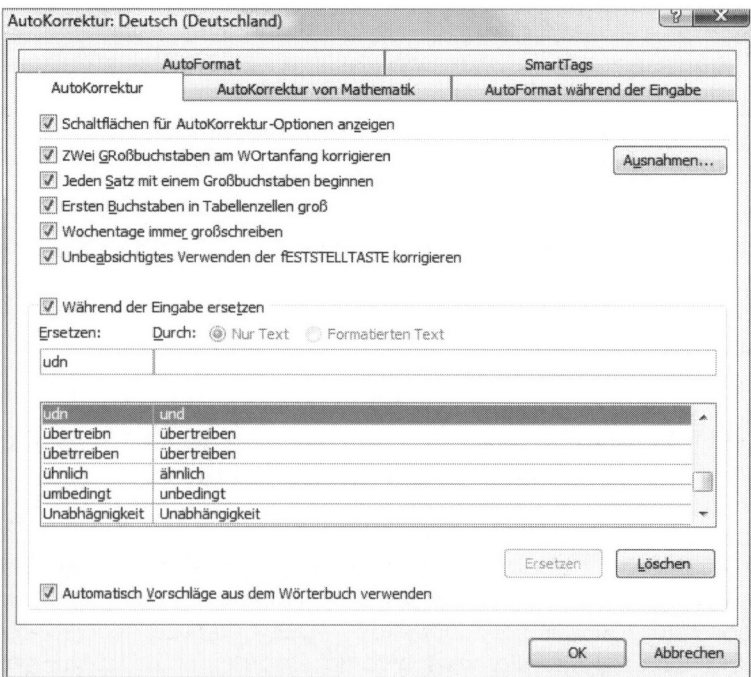

Unter WÄHREND DER EINGABE ERSETZEN finden Sie eine Liste aller Zeichenfolgen, die sofort nach der Eingabe automatisch korrigiert werden. Diese Liste enthält auch einige Sonderzeichen, wie beispielsweise das Copyright-Zeichen, das automatisch erscheint, wenn Sie (c) eingeben.

Tipp: Sie können die Autokorrektur auch verwenden, um während der Eingabe bestimmte Kürzel durch vollständige Text ersetzen zu lassen. Beispielsweise Ihre Initialen durch Ihren vollständigen Namen oder den Namen der Firma. Klicken Sie dazu in das Feld ERSETZEN und geben Sie das Kürzel ein. Anschließend geben Sie im Feld DURCH die einzufügende Zeichenfolge ein. Mit der Schaltfläche HINZUFÜGEN wird Ihr Eintrag der Autokorrektur hinzugefügt.

Die Autokorrektur ergänzen

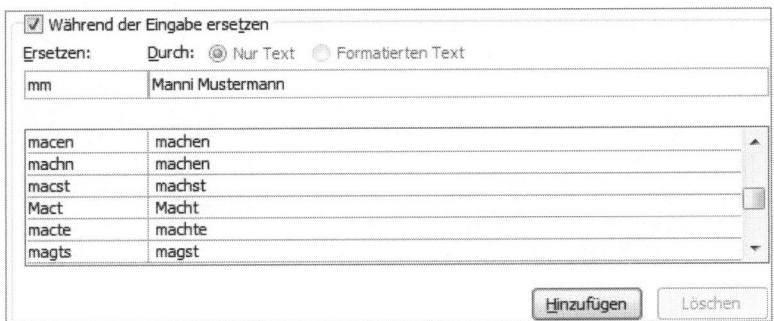

Hyperlinks

E-Mail Adressen oder Adressen im Internet (Webadressen) werden unmittelbar nach der Eingabe automatisch in so genannte Hyperlinks umgewandelt. Hyperlinks, kurz auch als Links bezeichnet, sind Verknüpfungen zu Webseiten oder anderen Dokumenten und werden in Word standardmäßig mit blauer Schriftfarbe und unterstrichen gekennzeichnet. Wenn Sie mit der Maus auf einen Link zeigen, wird der Mauszeiger als Hand dargestellt und es erscheint ein kurzer Hinweistext. Klicken Sie bei gleichzeitig gedrückter Strg-Taste auf den Link, so wird Ihr Standardbrowser, beispielsweise der Microsoft Internet Explorer geöffnet und die entsprechende Seite angezeigt, bei E-Mail Adressen wird automatisch eine neue Nachricht für die angegebene Adresse erstellt.

Hyperlinks sind Verknüpfungen zu Webseiten. Mit einem Mausklick wird die entsprechende Webseite angezeigt

Um zu vermeiden, dass die Adresse als Hyperlink angezeigt und später auch mit dieser Formatierung gedruckt wird, machen Sie entweder diese automatische Umwandlung unmittelbar danach rückgängig oder verwenden Sie das Kontextmenü. Klicken Sie dazu mit der rechten Maustaste auf den Link und wählen Sie den Befehl HYPERLINK ENTFERNEN.

Hyperlink entfernen

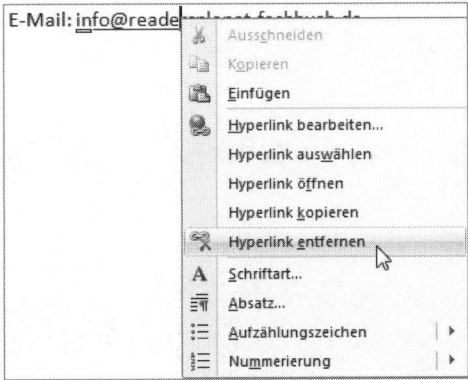

3.7.   Text verschieben oder kopieren

Eine wichtige Korrekturmöglichkeit ist das nachträgliche Kopieren oder Verschieben von Text an eine andere Stelle des Dokuments. Sie können den markierten Text entweder mit der Maus verschieben, dies wird auch als Drag & Drop bezeichnet (dt. ziehen und fallen lassen) oder dazu die Zwischenablage verwenden. In jedem Fall müssen Sie den betreffenden Text zuvor markieren. Dabei kann es vorkommen, dass Sie markierten Text versehentlich verschieben. In diesem Fall machen Sie diesen Vorgang einfach wieder rückgängig.

Verwenden der Maus

Text mit der Maus verschieben

Innerhalb eines Absatzes oder einer Bildschirmseite können Sie mit der Maus Texte einfach verschieben:

Markierten Text verschieben

1. Markieren Sie zuerst die Textstelle, die Sie verschieben wollen und lassen Sie die Maustaste danach wieder los.

2. Zeigen Sie mit der Maus auf die Markierung (der Mauszeiger erscheint als Pfeil), drücken Sie die linke Maustaste und halten Sie die Taste gedrückt, während Sie die Maus über den Text bewegen. Am Mauszeiger wird ein kleines Kästchen sichtbar, im Text wandert der Cursor als gepunktete Linie mit.

3. Positionieren Sie den Cursor am Zielort im Text und lassen Sie die Maustaste wieder los. Nach dem Einfügen erfolgt in den meisten Fällen auch ein automatischer Ausgleich der Leerzeichen.

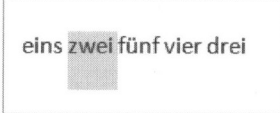

Text mit der Maus kopieren

Text kopieren

Kopieren bedeutet, der Text bleibt an der ursprünglichen Stelle erhalten. Auch dazu können Sie die Maus verwenden. Dabei gehen Sie wie beim Kopieren vor, müssen aber während des Ziehens gleichzeitig die Strg-Taste der Tastatur gedrückt halten. Am Mauszeiger erscheint dabei ein kleines + Zeichen.

Die Zwischenablage

Die Befehle der Zwischenablage

Das Drag & Drop-Verfahren mit der Maus eignet sich nicht, wenn Sie in umfangreichen Dokumenten über mehrere Seiten hinweg verschieben oder kopieren wollen. Dann benutzen Sie besser die Zwischenablage. Ein weiterer Vorteil der Zwischenablage: Ausgeschnittener oder kopierter Text verbleibt solange in der Zwischenablage, bis Sie den nächsten Text ausschneiden oder kopieren und kann auch mehrmals eingefügt werden. Die Befehle oder Tastenkombinationen zur Verwendung der Zwischenablage sind Ihnen möglichweise bereits von Windows her bekannt. Folgende Befehle, Symbole oder Tasten können Sie verwenden:

Tasten und Symbole zur Verwendung der Zwischenablage

Befehl	Schaltfläche	Tasten
AUSSCHNEIDEN schneidet den markierten Text in die Zwischenablage aus.	✂	Strg + X
KOPIEREN kopiert den markierten Text in die Zwischenablage.	📋	Strg + C

EINFÜGEN fügt den zuletzt kopierten oder ausgeschnittenen Text aus der Zwischenablage an der Cursorposition wieder ein.		Strg + V

So gehen Sie vor:

1. Markieren Sie den Text, den Sie kopieren oder ausschneiden möchten.

2. Drücken Sie entweder eine der beiden Tastenkombinationen, Strg+C oder Strg+X, oder klicken Sie im Register START, Gruppe ZWISCHENABLAGE auf eines der Symbole.

3. Positionieren Sie im Text den Cursor an der Stelle, an der Sie den Text aus der Zwischenablage einfügen wollen. Drücken Sie dann entweder die Tasten Strg+V oder klicken Sie in der Gruppe ZWISCHENABLAGE auf die Schaltfläche EINFÜGEN.

An der Einfügestelle erscheint ein kleines Symbol, ein SmartTag, der Ihnen mehrere Einfügen-Optionen anbietet.

Einfügen-Optionen

Die Office-Zwischenablage

Mit der oben beschriebenen Methode können Sie immer nur das zuletzt ausgeschnittene oder kopierte Textelement wieder einfügen. Im Gegensatz dazu speichert die Office-Zwischenablage bis zu 24 Elemente. Um sie zu verwenden, öffnen Sie die Office-Zwischenablage mit einem Mausklick auf das kleine Symbol neben der Gruppe ZWISCHENABLAGE.

Der Aufgabenbereich OFFICE-ZWISCHENABLAGE wird geöffnet und Sie können nun bis zu 24 Elemente in die Zwischenablage ausschneiden oder kopieren.

Diese können auch mehrfach und in beliebiger Reihenfolge an der Cursorposition wieder eingefügt werden. Zum Einfügen klicken Sie einfach mit der Maus auf den gewünschten Eintrag.

Daten zwischen Dokumenten austauschen

Die Zwischenablage kann auch verwendet werden, um Texte oder beliebige Elemente zwischen verschiedenen Dokumenten auszutauschen. Dies können nicht nur Word-Dokumente, sondern auch Dokumente aus anderen Anwendungen sein. Die Office-Zwischenablage unterstützt ausschließlich den Datenaustausch zwischen Microsoft Office-Pogrammen beispielsweise Microsoft Excel-Arbeitsmappen oder Microsoft PowerPoint-Präsentationen. Die normale Windows-Zwischenablage

Daten zwischen verschiedenen Anwendungen austauschen

dagegen können Sie für nahezu alle Anwendungen einsetzen. In jedem Fall müssen beide Dokumente geöffnet sein. So gehen Sie dabei vor:

1. Markieren Sie den zu kopierenden Text und kopieren Sie den markierten Text in die Zwischenablage

2. Wechseln Sie über die Taskleiste in das Zieldokument.

3. Positionieren Sie den Cursor an der gewünschten Stelle und fügen Sie den Inhalt der Zwischenablage ein. Bei Verwendung der Office Zwischenablage müssen Sie zuvor die Zwischenablage öffnen.

3.8. Text suchen und ersetzen

Mit den Befehlen SUCHEN und ERSETZEN können Sie im Dokument gezielt nach Begriffen suchen lassen oder eine Zeichenfolge automatisch durch eine andere ersetzen lassen. Word beginnt dabei immer an der aktuellen Cursorposition und durchsucht das Dokument zunächst bis zum Ende. Anschließend erscheint eine Rückfrage, ob nun die Suche auch am Dokumentanfang fortgesetzt werden soll. Soll nur ein bestimmter Teil eines Dokuments durchsucht werden, so müssen Sie diesen Bereich zuvor markieren.

Suchen

Im Dokument nach Zeichenfolgen suchen lassen

Klicken Sie im Register START, Bereich BEARBEITEN auf die Schaltfläche SUCHEN. Geben Sie im Feld SUCHEN NACH die Zeichenfolge ein, nach der gesucht werden soll. Anschließend starten Sie die Suche mit einem Mausklick auf die Schaltfläche WEITERSUCHEN. Die erste Fundstelle im Dokument wird markiert, klicken Sie erneut auf WEITERSUCHEN, um die Suche fortzuführen. Sie erhalten eine Meldung, wenn das gesamte Dokument durchsucht und die Suche beendet wurde.

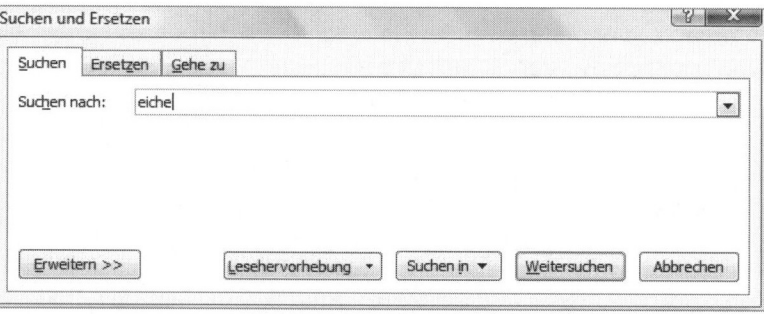

Ersetzen

Zeichenfolgen automatisch ersetzen lassen

Sie können den gefundenen Text nicht nur markieren, sondern auch gleichzeitig ersetzen lassen. Dazu klicken Sie in der Gruppe BEARBEITEN auf die Schaltfläche ERSETZEN. Geben Sie zusätzlich den Begriff an, der die gesuchte Zeichenfolge ersetzen soll und starten Sie die Suche mit der Schaltfläche WEITERSUCHEN.

- Mit der Schaltfläche ERSETZEN wird der nächste gefundene Begriff ersetzt und Sie können mit WEITERSUCHEN die Suche fortsetzen.

- Die Schaltfläche ALLE ERSETZEN ersetzt alle übereinstimmenden Zeichenfolgen im gesamten Dokument automatisch ohne vorherige Bestätigung.

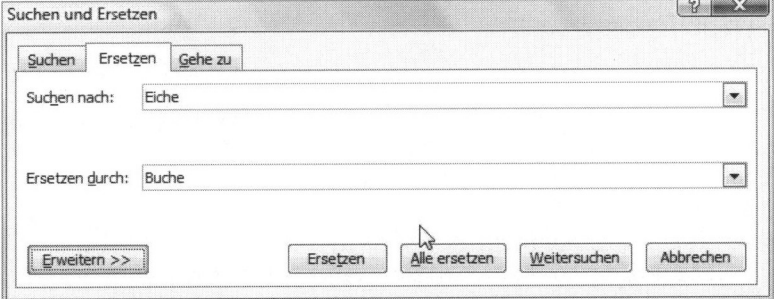

Suchoptionen

Beide Befehle SUCHEN und ERSETZEN verfügen über die Schaltfläche ERWEITERN über zusätzliche Optionen, die für die Suche nützlich sein können. So würde die Suche nach dem Begriff "eiche" im Beispiel unten auch zahlreiche andere Zeichenfolgen liefern.

Die alte Eiche

Katharina Reichenbach streichelte nachdenklich das weiche Fell der Katze und blickte hinaus in den Garten. Dort hinten, in der Nähe der Fischteiche stand die alte Eiche, die nun der neuen Straße weichen sollte.

Um ausschließlich nach dem Wort "Eiche" zu suchen, aktivieren Sie das Kontrollkästchen "NUR GANZES WORT SUCHEN", ggf. sollten Sie auch noch festlegen, ob Groß-/Kleinschreibung beachtet werden soll.

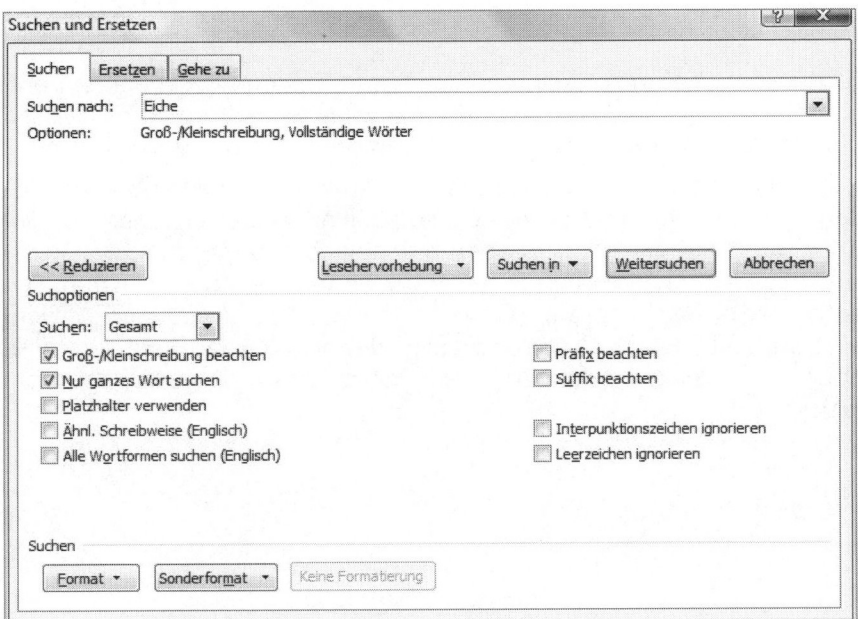

Mit der Schaltfläche FORMAT können Sie auch nach bestimmten Formatierungen suchen lassen, die Schaltfläche SONDERFORMAT ermöglicht eine gezielte Suche nach nicht druckbaren Steuerzeichen, beispielsweise Absatzende.

Formate: siehe nächste Lektion

3.9. Zusammenfassung

- Im Gegensatz zur Schreibmaschine sind bei einer Textverarbeitung nachträgliche Korrekturen wie Löschen oder Einfügen jederzeit möglich. Standardmäßig arbeitet Word im Einfügemodus, bereits bestehender Text wird also nicht überschrieben, sondern wandert nach links. Mit der Korrekturtaste löschen Sie die Zeichen, die sich links vom Cursor befinden, die Entf-Taste löscht die Zeichen rechts vom Cursor. Eingabe und Korrektur erfolgen ausschließlich an der Cursorposition, Sie müssen also zuvor den Cursor mit der Maus oder der Tastatur an die gewünschte Stelle setzen. Längere Texte können Sie auch markieren und anschließend durch Tastatureingabe überschreiben.

- Bei aktivierter automatischer Rechtschreib- und Grammatikprüfung werden Fehler mit einer Wellenlinie hervorgehoben. Allerdings werden nicht alle Fehler gefunden, umgekehrt werden Namen und Adressen, sowie Fremdwörter häufig als Rechtschreibfehler gekennzeichnet. Sie sehen in der Statusleiste, welche Sprache Word für die Überprüfung verwendet. Im Gegensatz zur Rechtschreibprüfung korrigiert die Autokorrektur automatisch während der Eingabe. Sie können jedoch diese Änderungen rückgängig machen, bzw. die Autokorrektur deaktivieren.

- Während der Eingabe erfolgt am Ende einer Zeile ein automatischer Zeilenumbruch, Sie benötigen die Eingabe-Taste also nur, um einen Absatz zu beenden. Eine so genannte "weiche" Zeilenschaltung fügt dagegen einen Zeilenumbruch ein, ohne einen Absatz zu beenden. Sie können einen Zeilenumbruch im Text verhindern, indem Sie an dieser Stelle ein geschütztes Leerzeichen oder Bindestrich einfügen.

- Nicht druckbare Steuerzeichen lassen sich am Bildschirm einblenden. Dazu gehören Wortzwischenräume (Leerzeichen) und Absatzende. Diese Zeichen können wie normaler Text auch nachträglich eingefügt und wieder gelöscht werden.

- Während der Eingabe erfolgt keine automatische Trennung. Sie können entweder nachträglich die automatische oder manuelle Silbentrennung aktivieren oder während der Eingabe Trennstriche als bedingte Trennstriche einfügen.

- Mit Hilfe der Zwischenablage können Sie zuvor markierten Text entweder ausschneiden oder kopieren und an der Cursorposition wieder einfügen. Im Gegensatz zur normalen Windows-Zwischenablage speichert die Office-Zwischenablage bis zu 24 Elemente. Die Zwischenablage kann auch zum Datenaustausch zwischen mehreren Dokumenten bzw. verschiedenen Anwendungen verwendet werden. Mit gedrückter Maustaste kann Text ebenfalls verschoben oder kopiert werden, in diesem Fall wird die Zwischenablage nicht verwendet.

3.10. Übung

Aufgabe:
Starten Sie Microsoft Word mit einem neuen, leeren Dokument und speichern Sie das Dokument unter dem Namen Reiseangebot.

Geben Sie ab der ersten Zeile den nachfolgenden Text ein. Da Sie möglicherweise eine andere Schriftart oder Schriftgröße, oder auch andere Seitenränder verwenden, kann auf Ihrem Computer der automatische Zeilenumbruch an anderer Stelle erfolgen!

Hin & Weg Reisen
Schlossallee 100
55129 Mainz
info@hinundweg-irgendwo.com
www.hinundweg-irgendwo.com

Herrn Willi Wahllos
Akeleiweg 3a
50858 Köln

Sehr geehrte/(r) Kunde/in,
wie Sie als unser langjähriger Kunde wissen, sind wir stets auf der Suche nach attraktiven und günstigen Reisen für Sie. Wir freuen uns daher, Ihnen heute wieder unser aktuelles Angebot zu präsentieren:

9 Tage Mallorca, *** Hotel Finca del Toro, Übernachtung im Doppelzimmer mit Halbpension zum Sonderpreis von 299 € pro Person, inkl. Flug.

3 Tage London, **** Hotel Towerbrigde-Season, Übernachtung mit Vollpension zum Preis von 199 € pro Person, inkl. Flug ab Frankfurt oder München.

Beachten Sie bitte, dass dieses Angebot nur in der Zeit zwischen 1. Februar und 15. März des Jahres gilt.

Mit freundlichen Grüßen

Heinz Fröhlich – Ihr Reisespezialist

- Korrigieren Sie mit Hilfe der Rechtschreib- und Grammatikprüfung von Word eventuelle Fehler.
- Löschen Sie das Wort "langjähriger" aus dem Brieftext.
- Fügen Sie unterhalb der Anrede "Sehr geehrter…" eine Leerzeile ein.
- Bewegen Sie den Cursor hinter den Text "… attraktiven und günstigen Reisen für Sie". Löschen Sie das Wort "Sie" und fügen Sie dahinter den Text "unsere Stammkunden" ein.
- Korrigieren Sie den Preis der Mallorca-Reise: statt 299 Euro beträgt der Preis 320 Euro.
- Korrigieren Sie die Flughäfen:
  der Text soll nun lauten: „… inkl. Flug ab Düsseldorf, Berlin oder München."
- Verschieben Sie das Angebot „3 Tage London, …" vor das Angebot „9 Tage Mallorca,…" und achten Sie darauf, dass Sie jeweils eine Leerzeile beibehalten.
- Fügen Sie am Textanfang, oberhalb der ersten Zeile nachträglich eine weitere Zeile ein und geben Sie hier folgenden Text ein: - IHRE REISESPEZIALISTEN -

Bemerkungen:

_____

_____

_____

4. Text formatieren

In dieser Lektion lernen Sie...

- Zeichen- und Absatzformate
- Listen mit Aufzählungszeichen und automatischer Nummerierung
- Rahmenlinien und Schattierung

Was Sie für diese Lektion wissen sollten:

- Die Arbeitsumgebung von Word
- Text eingeben und korrigieren

Text formatieren

Die vielfältigen optischen Gestaltungsmöglichkeiten von Text bezeichnet man als Formatierung. Word unterscheidet dabei zwischen verschiedenen Typen der Formatierung:

- **Zeichenformate** legen die Darstellung einzelner Zeichen oder Zeichenfolgen fest. Dazu gehören beispielsweise Schriftart und –farbe.

- **Absatzformate** definieren das Aussehen des gesamten Absatzes bis zur nächsten Absatzendemarke. Zu den Absatzformaten zählen beispielsweise die Abstände zwischen den Zeilen.

Abschnittformate siehe nächste Lektion 5

- Andere Einstellungen beziehen sich auf das gesamte Dokument oder einen Abschnitt, dazu zählen Seitenränder oder Papierformat. Diese **Abschnittformate** finden Sie in der nächsten Lektion „Druckseite einrichten, Seiten- und Abschnittformate".

4.1. Grundlagen

Vorgehensweise

Legen Sie zuerst das Aussehen des gesamten Dokuments fest.

Für die Vorgehensweise beim Formatieren von Text sollten Sie einige Grundregeln beachten damit Sie unnötige Arbeitsschritte vermeiden:

1. Geben Sie zuerst den Text ein und nehmen Sie die erforderlichen inhaltlichen Korrekturen vor.

2. Dann formatieren Sie den Text: Legen Sie zuerst das allgemeine Aussehen fest, beispielsweise die Schriftart und Schriftgröße für den gesamten Text.

3. Danach nehmen Sie alle abweichenden Formatierungen vor, einzelne Wörter fett hervorheben oder unterstreichen oder Absätze einrücken.

Absatzformate werden mit der Eingabetaste automatisch in den nächsten Absatz übernommen

Wenn Sie im Text nachträglich weitere Zeichen einfügen, so erhalten diese automatisch die Formatierung, die an dieser Stelle bereits vorhanden ist. Wenn Sie beispielsweise in einen unterstrichenen Satz weitere Wörter einfügen, dann werden diese ebenfalls automatisch unterstrichen.

Durch Drücken der Eingabe-Taste beenden Sie einen Absatz und übernehmen die gesamte Formatierung in den nächsten Absatz. Haben Sie etwa während der Eingabe einen Absatz zentriert, also in der Mitte der Seite ausgerichtet, so wird nach Beenden dieses Absatzes der nachfolgende Absatz ebenfalls zentriert.

Textbereich auswählen

Bevor Sie eine Formatierung zuweisen, müssen Sie den Textbereich festlegen:

- Bei allen Zeichenformaten müssen Sie den gesamten, zu formatierenden Textbereich markieren. Ausnahme: Um ein einzelnes Wort zu formatieren, genügt es, wenn sich der Cursor innerhalb des Wortes befindet.

- Absatzformate beziehen sich immer auf den gesamten Absatz, um einen einzelnen Absatz zu formatieren, genügt es daher, wenn sich der Cursor innerhalb des Absatzes befindet. Möchten Sie gleich mehreren Absätzen das gleiche Format zuweisen, so markieren Sie die Absätze.

Zeichenformate:
Markieren

Absatzformate:
Aktueller Absatz

4.2.   Zeichenformate

Die Zeichenformate finden Sie im Register START, Gruppe SCHRIFTART. Die wichtigsten Symbole erscheinen auch in Form einer Minisymbolleiste im Text, wenn Sie einen Textbereich markiert haben.

Gruppe SCHRIFTART
oder Minisymbolleiste

Gruppe SCHRIFTART

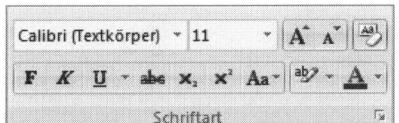

Minisymbolleiste im Text

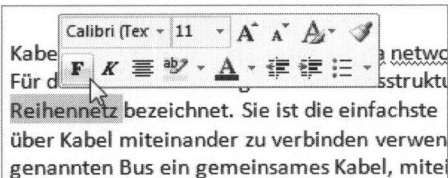

Schriftart, Schriftgröße und Schriftschnitt

Schriftart

Schriftart und Schriftgröße (Schriftgrad) gehören zu den wichtigsten Zeichenformaten. Word, bzw. Microsoft Office 2007 verfügt über eine umfangreiche Auswahl an integrierten Schriftarten. Im Gegensatz zu einer Schreibmaschine, bei der alle Zeichen die gleiche Breite haben, sind die meisten dieser Schriftarten so genannte Proportionalschriften. Dies bedeutet, die einzelnen Zeichen haben verschiedene Zeichenbreiten, der Buchstabe m ist beispielsweise breiter als der Buchstabe i. Daher kann sich bei Änderung der Schriftart auch der automatische Zeilenumbruch ändern. Man unterscheidet bei den Schriftarten auch noch Serifenschriften und serifenlose Schriften. Serifen sind die geschwungenen Enden der Zeichen. Zu den Schriftarten von Word gehören auch einige Symbolschriften die anstelle von Buchstaben grafische Zeichen darstellen.

Proportionalschrift:
jedes Zeichen
beansprucht nur die
tatsächliche Breite

Times New Roman ist ein Beispiel für eine Serifenschriftart

Beispiel Serifenschrift

Zum Ändern der Schriftart markieren Sie den betreffenden Text und klicken entweder in der Gruppe SCHRIFTART (Register START) oder in der Minisymbolleiste auf den Auswahlpfeil des Listenfeldes SCHRIFTART und wählen die gewünschte Schrift aus. Schriften, die mit einem Druckersymbol versehen sind, werden vom Drucker zur Verfügung gestellt und sind damit abhängig vom verwendeten Drucker, Schriftarten mit einem doppelten T sind TrueType Schriftarten und können von jedem Drucker gedruckt werden.

Tipp: Um schnell eine bestimmte Schriftart, beispielsweise Times New Roman zu finden, geben Sie einfach den Anfangsbuchstaben der Schriftart direkt in das Feld ein und klicken anschließend auf den Auswahlpfeil.

Schriftgröße

Daneben finden Sie das Listenfeld SCHRIFTGRÖßE. Schriftgrößen werden in dem typografischen Maß Punkt (pt) angegeben, ein Punkt entspricht etwa 0,35 mm. Die normale Schriftgröße etwa für Briefe liegt, abhängig von der jeweiligen Schriftart meist zwischen 8 und 12 Punkt. Steht die gewünschte Schriftgröße, beispielsweise 6 pt nicht in der Liste zur Auswahl, so klicken Sie direkt in das Feld und geben die Schriftgröße über die Tastatur ein. Bestätigen Sie anschließend mit der Eingabe-Taste.

Auch mit den beiden Schaltflächen SCHRIFTART VERGRÖßERN / VERKLEINERN lässt sich die Schriftgröße schnell ändern: mit jedem Mausklick auf die Schaltfläche vergrößern, bzw. verkleinern Sie die Schrift um jeweils 1 Stufe.

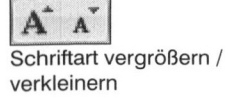

Schriftart vergrößern / verkleinern

Schriftart und Schriftgröße zuweisen

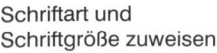

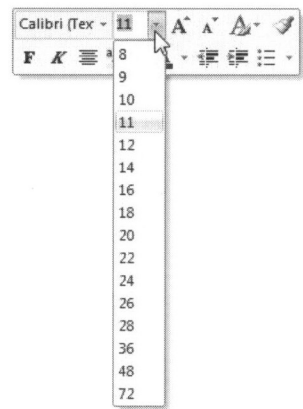

Schriftschnitt

Fett, Kursiv und Unterstrichen

Als Schriftschnitt bezeichnet man Schriftattribute wie Fett, Kursiv und Unterstrichen. Die Symbole dazu finden Sie entweder in der GRUPPE Schriftart oder in der Minisymbolleiste. Diese Symbole besitzen Umschaltfunktion, d.h. mit einem Mausklick auf ein Symbol formatieren Sie den markierten Text beispielsweise Unterstrichen, mit einem weiteren Mausklick entfernen Sie die Unterstreichung wieder vom markierten Text.

Format	Symbol	Beispiel
Fett	**F**	Ein **Wort** fett formatieren.
Kursiv	*K*	Ein *Wort* kursiv formatieren
Unterstrichen	U	Ein Wort <u>unterstreichen</u>

Farben verwenden

Für Farbeffekte stehen zwei Möglichkeiten zur Verfügung: mit einem Mausklick auf den Auswahlpfeil der Schaltfläche SCHRIFTFARBE weisen Sie dem markierten Text eine andere Schriftfarbe zu, Automatisch bedeutet, dass die Standardtextfarbe von Windows (meistens schwarz) verwendet wird.

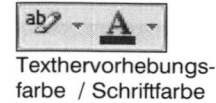

Texthervorhebungs-
farbe / Schriftfarbe

Mit der Schaltfläche TEXTHERVORHEBUNGSFARBE können Sie den Hintergrund bestimmter Textteile farblich hervorheben. Verwechseln Sie diese Funktion nicht mit der Schattierung oder Hintergrundfarbe. Hervorheben eignet vor allem dazu, Textteile auf dem Bildschirm farblich zu kennzeichnen, vergleichbar einem Textmarker. Sobald Sie eine Farbe gewählt haben, erscheint zusammen mit dem Mauszeiger ein Stift und Sie können durch Markieren Zeichen hervorheben. Mit einem weiteren Mausklick auf die Schaltfläche beenden Sie Hervorheben wieder.

Text am Bildschirm
hervorheben

Schriftfarbe:

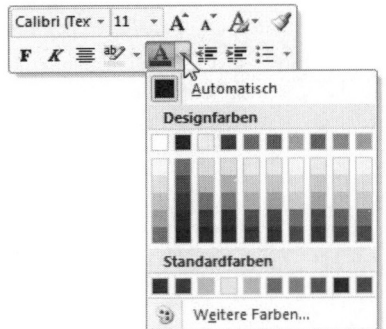

Hervorhebungsfarbe:

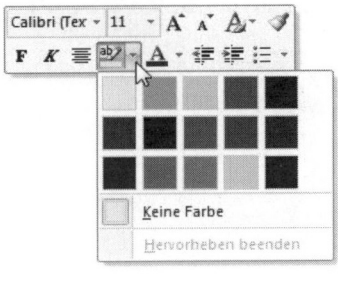

Schrifteffekte

Die Gruppe SCHRIFTART bietet noch weitere Schrifteffekte: Höher-, bzw. Tieferstellen, Durchgestrichen und verschiedene Optionen zur Groß-/Kleinschreibung.

Eine Zusammenfassung aller Schriftformate enthält das Dialogfenster SCHRIFTART, das Sie mit einem Mausklick auf das Pfeilsymbol ⬚ der Gruppe SCHRIFTART öffnen.

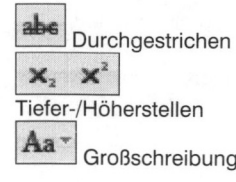

Durchgestrichen

Tiefer-/Höherstellen

Großschreibung

Dialogfenster
SCHRIFTART

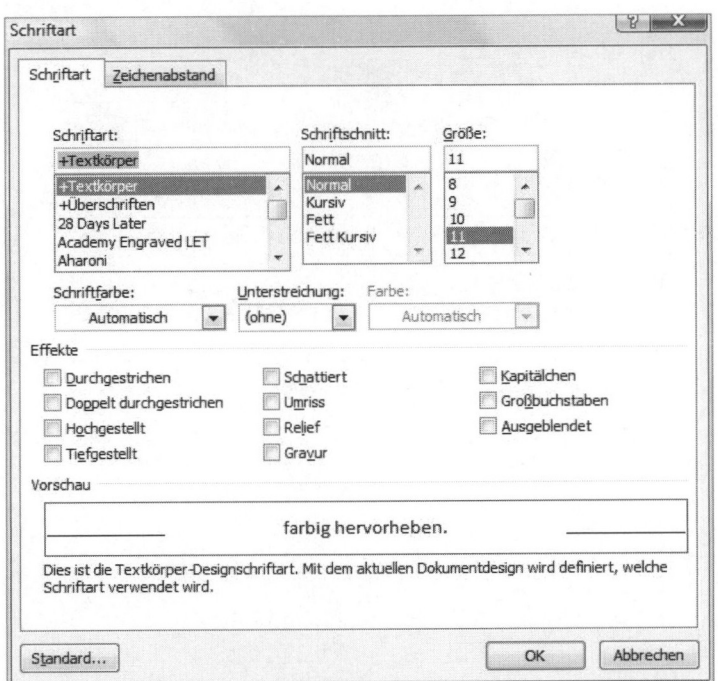

Kapitälchen

Unter den zusätzlichen Effekten sind vor allem zwei von Bedeutung:

- KAPITÄLCHEN bedeutet, die Schrift wird umgewandelt in große und kleine Großbuchstaben.

- Ausgeblendeter Text erscheint nicht auf dem Ausdruck und ist auch auf dem Bildschirm nur zusammen mit den eingeblendeten, nicht druckbaren Steuerzeichen sichtbar.

Das Dialogfenster
Schriftart

Den Abstand zwischen
den Zeichen ändern

Zeichenabstand

Im zweiten Register ZEICHENABSTAND des Dialogfensters SCHRIFTART können Sie auch noch entweder die Zeichen horizontal um einen bestimmten Prozentsatz strecken oder komprimieren (SKALIEREN) oder den ABSTAND zwischen den Zeichen steuern: mit der Option ERWEITERT vergrößern Sie den Abstand um das angegebene Maß, die Auswahl SCHMAL verringert den Abstand.

Register ZEICHENAB-
STAND

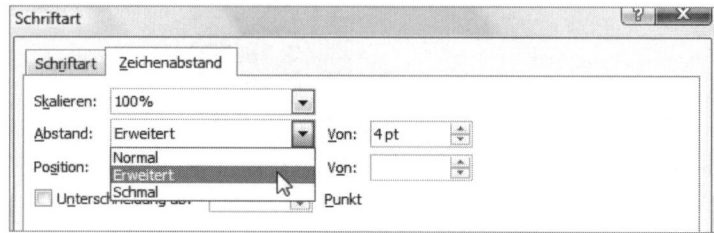

Symbolschriften verwenden

Register EINFÜGEN,
Gruppe SYMBOLE

Um ein Symbol aus einer der Symbolschriften im Text einzufügen, verwenden Sie das Register EINFÜGEN, Gruppe SYMBOLE. Klicken Sie auf die Schaltfläche SYMBOL und klicken Sie auf eines der Symbole oder öffnen Sie mit dem Befehl WEITERE SYMBOLE… das Dialogfenster Symbole. Wählen Sie im Listenfeld zunächst die gewünschte Schriftart, beispielsweise Wingdings, markieren Sie ein Symbol und klicken Sie anschließend auf die Schaltfläche EINFÜGEN.

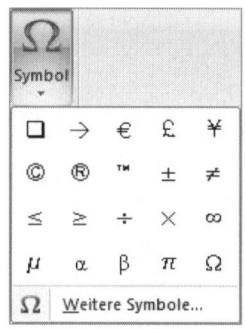

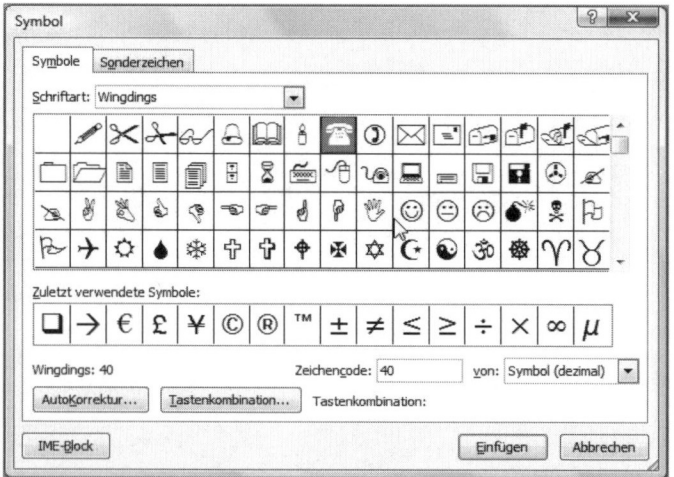

4.3. Absatzformate

Was ist ein Absatz?

Einen Absatz beenden Sie während der Texteingabe durch Drücken der Eingabe-Taste. Am Bildschirm wird die Absatzendemarke mit einem nicht druckbaren Steuerzeichen dargestellt. Da sich Absatzformate immer auf den gesamten Absatz beziehen, genügt es, wenn sich zur Formatierung der Cursor an beliebiger Stelle innerhalb des Absatzes befindet.

Durch Drücken der Eingabetaste beenden Sie nicht nur einen Absatz, sondern übernehmen auch die Formatierung dieses Absatzes in den nächsten Absatz. Haben Sie beispielsweise einen Absatz zentriert, so erhalt nach dem Drücken der Eingabetaste auch der nachfolgende Absatz automatisch diese Ausrichtung.

Absatzendemarke

¶

Absatzformat in den nächsten Absatz übernehmen

Beim Löschen der Absatzendemarke wird der Absatz mit dem nachfolgenden Absatz verbunden. Dabei gehen die Absatzformate des nachfolgenden Absatzes verloren.

Ausrichtung

Das Standardabsatzformat eines Dokuments ist linksbündig ausgerichtet, das bedeutet, die Zeilen schließen bündig mit dem linken Seitenrand ab. Mit den folgenden Schaltflächen der Gruppe ABSATZ, Register START steuern Sie die Ausrichtung eines Absatzes zwischen den linken und dem rechten Seitenrand.

Ausrichtung	Symbol	Beispiel
Linksbündig	≣	Für die BNC Verkabelung wird eine Busstruktur. Diese Architektur wird auch als Linien- oder Reihennetz bezeichnet. Sie ist die einfachste und nur noch selten anzutreffende Methode, Computer über Kabel miteinander zu verbinden verwendet. Im Busnetz sind alle Computer über den so genannten Bus ein gemeinsames Kabel, miteinander verbunden.
Zentriert	≡	Für die BNC Verkabelung wird eine Busstruktur. Diese Architektur wird auch als Linien- oder Reihennetz bezeichnet. Sie ist die einfachste und nur noch selten anzutreffende Methode, Computer über Kabel miteinander zu verbinden verwendet. Im Busnetz sind alle Computer über den so genannten Bus ein gemeinsames Kabel, miteinander verbunden.
Rechtsbündig	≣	Für die BNC Verkabelung wird eine Busstruktur. Diese Architektur wird auch als Linien- oder Reihennetz bezeichnet. Sie ist die einfachste und nur noch selten anzutreffende Methode, Computer über Kabel miteinander zu verbinden verwendet. Im Busnetz sind alle Computer über den so genannten Bus ein gemeinsames Kabel, miteinander verbunden.
Blocksatz	≣	Für die BNC Verkabelung wird eine Busstruktur. Diese Architektur wird auch als Linien- oder Reihennetz bezeichnet. Sie ist die einfachste und nur noch selten anzutreffende Methode, Computer über Kabel miteinander zu verbinden verwendet. Im Busnetz sind alle Computer über den so genannten Bus ein gemeinsames Kabel, miteinander verbunden.

Einzüge

Als Einzug bezeichnet man den Abstand zum linken oder rechten Seitenrand. Den linken Einzug ändern Sie schnell mit den beiden Schaltflächen im Register START, Gruppe ABSATZ. EINZUG VERGRÖßERN rückt einen Absatz mit jedem Mausklick um weitere 1,25 cm ein, entsprechend verkleinert die Schaltfläche EINZUG VERKLEINERN den Abstand zum Seitenrand wieder. Um beispielsweise den aktuellen Absatz um 2,5 cm einzurücken, klicken Sie einfach zweimal auf die Schaltfläche EINZUG VER-GRÖßERN.

Einzug verkleinern / vergrößern

Sondereinzüge

Verschiedene Arten von Einzügen finden Sie im Dialogfenster ABSATZ, das Sie mit einem Mausklick auf das Pfeilsymbol der Gruppe ABSATZ öffnen.

Dialogfenster Absatz

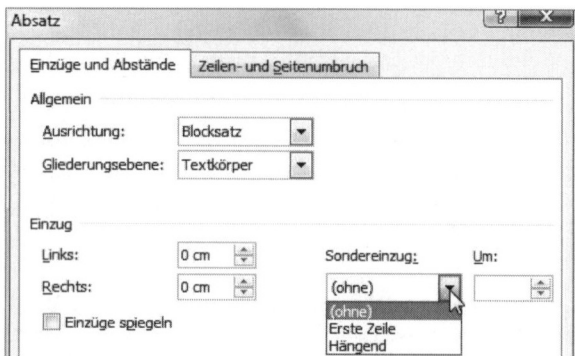

Negativer Einzug

Neben dem linken Einzug können Sie hier auch noch einen rechten Einzug festlegen sowie ein beliebiges Maß verwenden. Auch ein negativer Einzug ist möglich. Wenn Sie beispielsweise einen linken Einzug von -2 cm festlegen ragt der Absatz um 2 cm in den Seitenrand hinein. Sondereinzüge steuern den Einzug der ersten Zeile gegenüber den restlichen Zeilen des Absatzes.

Übersicht Einzüge

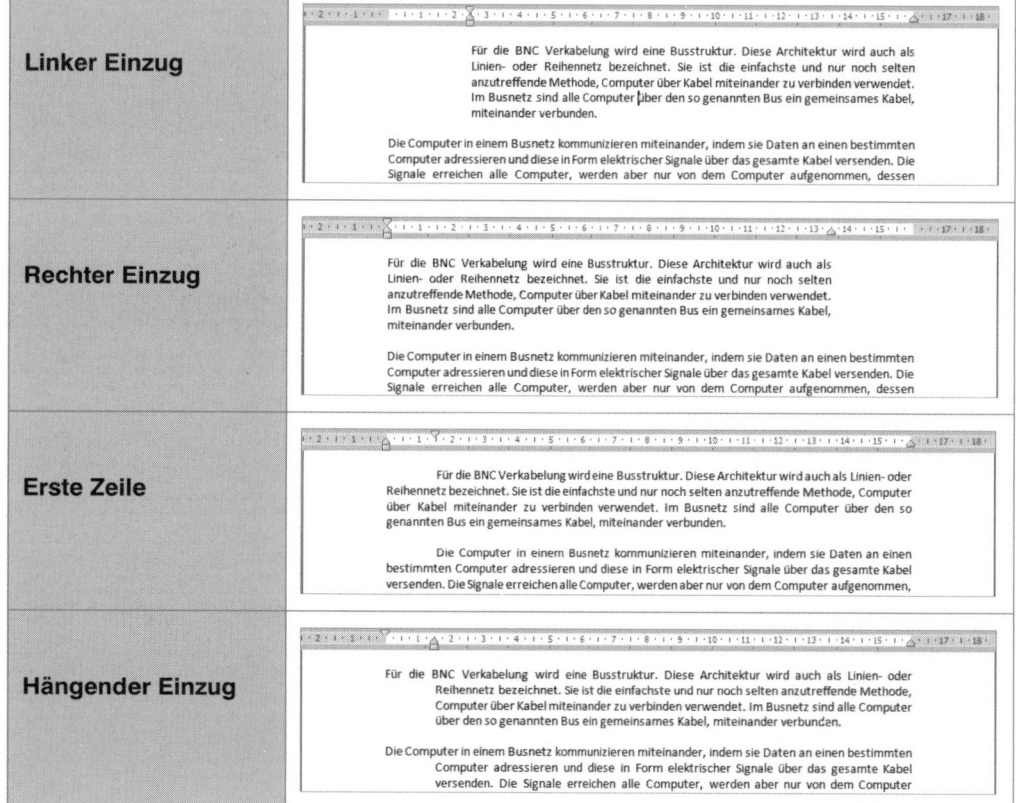

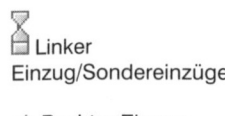

Linker Einzug/Sondereinzüge

△ Rechter Einzug

Tipp: Einzüge können Sie auch über das Lineal kontrollieren, bzw. verändern. Sollte das Lineal nicht sichtbar sein, dann blenden Sie es ein über das Register ANSICHT, Gruppe EINBLENDEN/AUSBLENDEN. Zum Ändern der Einzüge verschieben Sie im Lineal mit gedrückter linker Maustaste die entsprechenden Markierungen.

Beachten Sie, dass sich Änderungen über das Lineal ebenfalls nur auf den aktuellen Absatz, bzw. die markierten Absätze beziehen!

Abstände

Word unterscheidet zwischen Zeilen- und Absatzabständen. Während der Eingabe haben Sie möglicherweise festgestellt, dass nach dem Beenden eines Absatzes mit der Eingabe-Taste automatisch ein größerer Abstand eingefügt wird. Dann verwenden Sie eine Standardformatierung mit Leerräumen. Um einem Absatz eine Formatierung ohne Abstände zuzuweisen, klicken Sie auf das Register START und in der Gruppe FORMATVORLAGEN auf die Schaltfläche KEIN LEERRAUM.

Standardformat mit Abständen

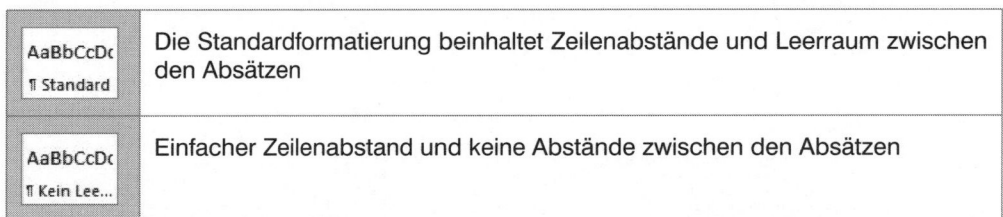

| AaBbCcDc ¶ Standard | Die Standardformatierung beinhaltet Zeilenabstände und Leerraum zwischen den Absätzen |
| AaBbCcDc ¶ Kein Lee... | Einfacher Zeilenabstand und keine Abstände zwischen den Absätzen |

Zeilenabstand

Der Zeilenabstand legt den Abstand zwischen den Zeilen eines Absatzes fest und kann über die Schaltfläche ZEILENABSTAND der Gruppe ABSATZ geändert werden. Standardmäßig orientiert sich der Zeilenabstand an der verwendeten Schriftgröße. Das Listenfeld enthält eine Auswahl an mehrfachen Abständen, der Wert 2 bedeutet beispielsweise doppelten Zeilenabstand. Weitere Möglichkeiten finden Sie über die ZEILENABSTANDSOPTIONEN.

Zeilenabstand

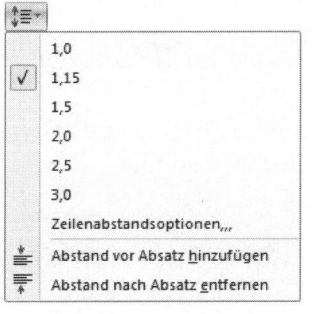

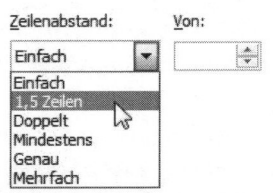

Die Einstellung MINDESTENS gibt ein Mindestmaß vor, das nicht unterschritten werden darf, GENAU gibt einen exakten Wert vor.

Absatzabstand

Absatzabstände legen einen festen Abstand zum vorhergehenden und/oder nächsten Absatz fest. Klicken Sie dazu auf die Schaltfläche ZEILENABSTAND (Gruppe ABSATZ) und wählen Sie ABSTAND VOR oder ABSTAND NACH ABSATZ HINZUFÜGEN, bzw. ENTFERNEN. Exakte Abstände können Sie im Dialogfenster ABSATZ unter ABSTAND definieren. Verwenden Sie die kleinen Pfeile oder geben Sie den Wert direkt ein.

Abstand zum nachfolgenden, bzw. vorherigen Absatz

Auch der Absatzabstand wird, wie die Schriftgröße in Punkt angegeben, bei einer Schriftgröße von 10 pt und einem Zeilenabstand von 12 pt entspricht ein Abstand von 6 pt einer halben Zeile.

4.4.   Nummerierung und Aufzählungen

Absätze lassen sich mit Hilfe von Formatierungen schnell mit einer fortlaufenden automatischen Nummerierung oder mit Aufzählungszeichen versehen. Mehrere aufeinanderfolgende nummerierte Absätze bezeichnet Word auch als Liste. Auch beim nachträglichen Löschen oder Verschieben von nummerierten Absätzen wird die fortlaufende Nummerierung automatisch angepasst.

Aufzählungszeichen

Aufzählungen

Mit einem Mausklick auf die Schaltfläche AUFZÄHLUNGSZEICHEN versehen Sie den aktuellen Absatz, bzw. die markierten Absätze mit einem Aufzählungszeichen, standardmäßig ist dies ein Punkt. Gleichzeitig erhalten die Absätze einen linken Einzug, werden also gegenüber dem linken Seitenrand eingerückt.

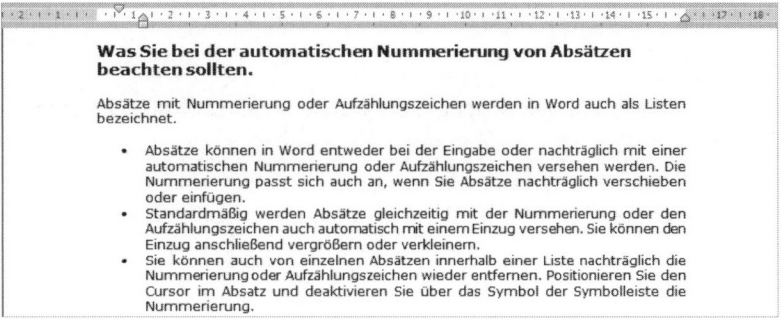

Anderes Symbol wählen

Eine Auswahl von verschiedenen Aufzählungszeichen erscheint, wenn Sie auf den Auswahlpfeil der Schaltfläche AUFZÄHLUNGSZEICHEN klicken. Markieren Sie das gewünschte Symbol aus der Aufzählungszeichenbibliothek oder öffnen Sie mit einem Mausklick auf den Befehl NEUES AUFZÄHLUNGSZEICHEN DEFINIEREN... ein Dialogfeld, um ein anderes Symbol zu wählen.

Siehe auch
Symbolschriften
verwenden

- Mit der Schaltfläche SYMBOL öffnen Sie das Dialogfeld SYMBOL und können ein Zeichen aus einer der Symbolschriftarten von Windows auswählen, über die Schaltfläche SCHRIFTART legen Sie anschließend bei Bedarf auch noch Farbe und Größe des Symbols fest.

- Mit der Schaltfläche BILD erscheint eine Auswahl an kleinen Grafiken (Clip-Arts), die ebenfalls als Aufzählungszeichen verwendet werden können.

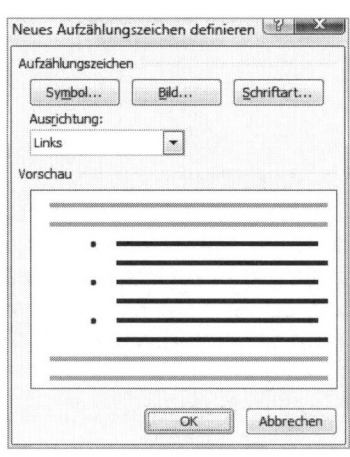

Einzug
verkleinern/vergrößern

Einzug entfernen

Wenn Sie keinen Einzug für die Absätze wünschen, dann entfernen Sie den linken Einzug für die markierten Absätze mit der Schaltfläche EINZUG VERKLEINERN. Die Aufzählungszeichen bleiben erhalten. Genauso können Sie den linken Einzug natürlich auch vergrößern.

Aufzählungszeichen entfernen

Um Aufzählungszeichen wieder von den markierten Absätzen zu entfernen, klicken Sie einfach erneut auf die Schaltfläche AUFZÄHLUNGSZEICHEN.

Automatische Aufzählung während der Eingabe

Beginnen Sie einen Absatz mit einem beliebigen Symbol, beispielsweise Bindestrich oder Stern, gefolgt von einem Leerzeichen oder Tabulatorzeichen, so interpretiert Word dieses Symbol automatisch als Aufzählungszeichen. Gleichzeitig wird der Absatz eingerückt. Über den dazugehörigen Smarttag können Sie bei Bedarf die automatische Aufzählung auch rückgängig machen oder deaktivieren. Wenn Sie den Absatz mit der Eingabetaste beenden, dann übernehmen Sie die Formatierung und damit auch das Aufzählungszeichen für den nächsten Absatz. Betätigen Sie zweimal die Eingabetaste (Leerzeile), um die Liste wieder zu beenden oder deaktivieren Sie mit einem Mausklick auf die Schaltfläche AUFZÄHLUNGSZEICHEN die Aufzählung.

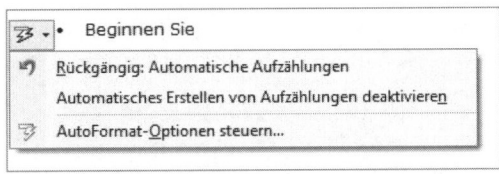

Nummerierung

Um Absätze nachträglich mit einer fortlaufenden Nummerierung zu versehen, markieren Sie die Absätze und klicken auf die Befehlsschaltfläche NUMMERIERUNG. Der Auswahlpfeil der Befehlsschaltfläche NUMMERIERUNG öffnet eine Liste mit verschiedenen Nummerierungen.

Automatische Nummerierung

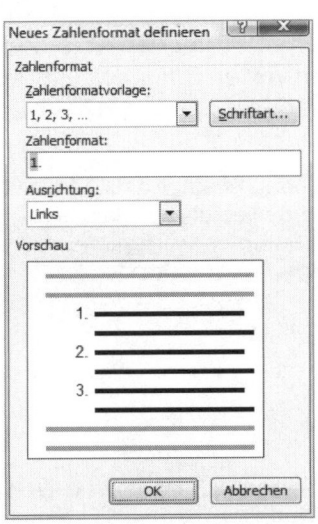

Mit dem Befehl NEUES ZAHLENFORMAT DEFINIEREN… öffnen Sie ein Dialogfenster in dem Sie die automatische Nummerierung individuell anpassen, und mit zusätzlichen Zeichen, beispielsweise Klammern oder Paragrafzeichen versehen können.

1. Wählen Sie im Listenfeld ZAHLENFORMATVORLAGE zuerst das Nummerierungszeichen.

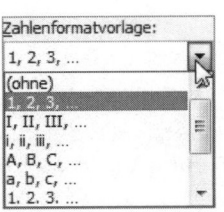

Individuelle Nummerierung

2. Anschließend erscheint im Feld ZAHLENFORMAT die gewählte Zahlendarstellung und Sie können weitere Zeichen, wie Punkt, Klammern oder Paragrafzeichen hinzufügen.

Nummerierung entfernen

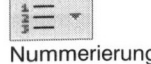

Nummerierung

Um die automatische Nummerierung wieder von den markierten Absätzen zu entfernen, klicken Sie einfach erneut auf die Schaltfläche NUMMERIERUNG. Sie können damit auch innerhalb einer fortlaufend nummerierten Liste einzelne Absätze aus der Nummerierung herausnehmen.

Beispiel Nummerierte
Absätze

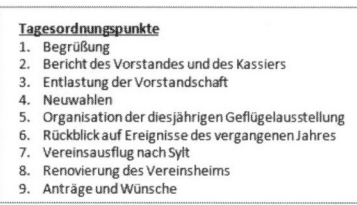

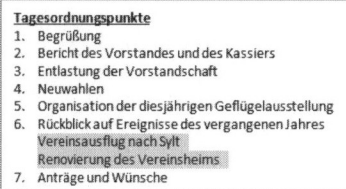

Einzug verkleinern

Um für einzelne Absätze den Einzug nachträglich anzupassen, verwenden Sie die Schaltfläche EINZUG VERKLEINERN.

Nummerierung steuern

Neu nummerieren oder mit der Nummerierung fortfahren?

In manchen Fällen wollen Sie ab einem bestimmten Absatz mit der Nummerierung neu beginnen oder nach einigen nicht nummerierten Absätzen die Nummerierung fortsetzen.

Wenn Sie die markierten Absätze nachträglich mit einer Nummerierung versehen, erscheint ein Smarttag mit der Option NUMMERIERUNG NEU BEGINNEN, bzw. NUMMERIERUNG FORTSETZEN.

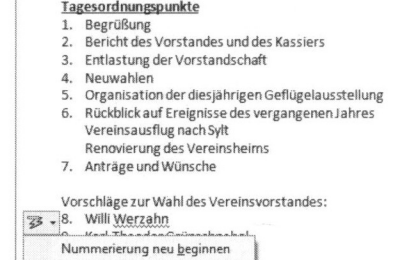

Sie können aber auch auf den Drop-Down Pfeil der Schaltfläche NUMMERIERUNG klicken und den Befehl NUMMERIERUNGSWERT FESTLEGEN... verwenden. Wählen Sie die gewünschte Option NEUE LISTE BEGINNEN und legen Sie den Wert fest, mit dem Sie die Liste beginnen wollen.

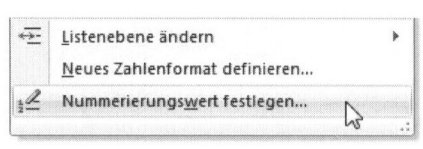

Automatische Nummerierung während der Eingabe

Beginnen Sie während der Texteingabe einen Absatz mit 1., dann formatiert Word nach Eingabe des Leerzeichens diesen Absatz automatisch mit einer Nummerierung und einem linken Einzug.

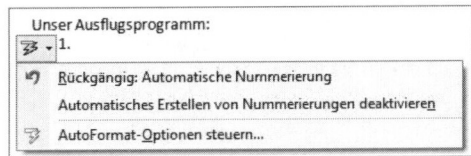

Gleichzeitig erscheint ein Smarttag mit Autokorrektur-Optionen. Wenn Sie mit der Texteingabe ohne Nummerierung fortfahren wollen, dann machen Sie entweder die automatische Nummerierung von Word rückgängig oder deaktivieren diese Funktion auch für künftige Eingaben. Möchten Sie dagegen die Nummerierung beibehalten, so fahren Sie einfach mit der Eingabe fort. Durch Drücken der Eingabetaste übernehmen Sie die Nummerierung auch für die nachfolgenden Absätze. Beenden Sie die nummerierte Liste entweder mit zweimaligem Drücken der Eingabetaste oder schalten Sie mit einem Mausklick auf die Schaltfläche die Nummerierung wieder aus.

Gegliederte Listen

Mit der Schaltfläche LISTE MIT MEHREREN EBENEN können Sie auch gegliederte Listen mit hierarchischen Ebenen formatieren. Ein Mausklick auf den Auswahlpfeil öffnet die Listenbibliothek mit verschiedenen Vorlagen. Die Gliederungsebenen orientieren sich an den Einzügen. Verwenden Sie daher zum Erstellen einer gegliederten Liste entweder bereits während der Eingabe oder nachträglich die Schaltflächen EINZUG VERKLEINERN und EINZUG VERGRÖßERN.

Hierarchische Gliederungen

Eine Ebene tiefer stufen	Einzug vergrößern
Eine Ebene höher stufen	Einzug verkleinern

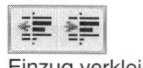

Einzug verkleinern/ vergrößern

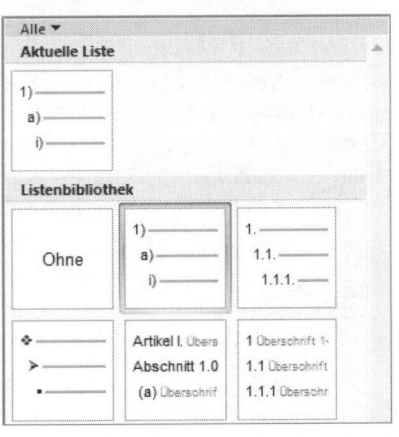

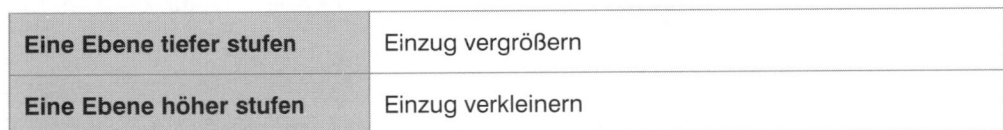

Beispiel gegliederte Liste

4.5. Rahmen und Schattierung

Rahmenlinien

Einzelne Zeichen, Absätze oder ganze Seiten, aber auch Tabellen und Grafiken können mit Rahmen versehen werden. Verwenden Sie dazu im Register START, Gruppe ABSATZ die Schaltfläche RAHMEN, bzw. den Auswahlpfeil, um eine Liste mit verschiedenen Rahmenlinien zu öffnen. Standardmäßig weist die Schaltfläche eine RAHMENLINIE UNTEN zu.

Rahmenlinien

Rahmen können sich sowohl auf Absätze, als auch auf Zeichen beziehen.

Absätze oder Zeichen?

Mit einem Mausklick auf die Schaltfläche RAHMENLINIE AUSSEN, formatieren Sie den aktuellen Absatz mit einem Rahmen. Mehrere Absätze müssen Sie zuvor markieren.

Unser Ausflugsprogramm:
1. Tag: Besichtigung der mittelalterlichen Burganlage
2. Tag: Ausflug auf den Feldberg
(je nach Wetter)

Markieren Sie dagegen innerhalb eines Absatzes ein Wort oder einen Satz, so erhalten nur die markierten Zeichen einen Rahmen.

Unser Ausflugsprogramm:
1. Tag: Besichtigung der mittelalterlichen Burganlage
2. Tag: Ausflug auf den Feldberg
(je nach Wetter)

Achten Sie auf einen einheitlichen Einzug aller Absätze

Wichtig: Sollen mehrere Absätze in einem Rahmen zusammengefasst werden, dann müssen alle Absätze den gleichen Einzug haben!

Die Schaltfläche Rahmen und Schattierung

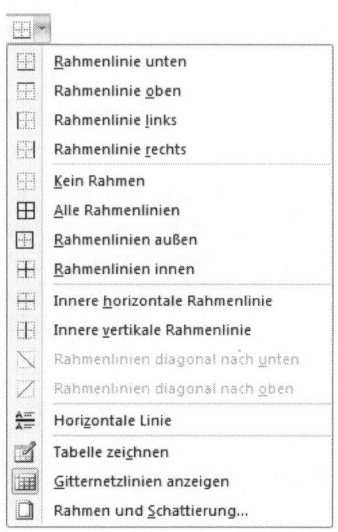

Benutzen Sie das Symbol KEIN RAHMEN, um Rahmenlinien wieder zu entfernen.

Das Dialogfenster Rahmen und Schattierung

Benötigen Sie weitere Rahmenlinien, so öffnen Sie mit einem Mausklick auf den Befehl RAHMEN UND SCHATTIERUNG… ein Dialogfenster. Wählen Sie im Register RAHMEN zuerst im Listenfeld FORMATVORLAGE die gewünschte Linienart aus, sowie darunter Farbe und Linienbreite. Benutzen Sie dann die Vorschau: klicken Sie einfach an die entsprechenden Stellen, um eine Linie hinzuzufügen oder zu entfernen. Mit der Schaltfläche OPTIONEN können Sie, falls erforderlich, auch noch den Abstand zum Text ändern.

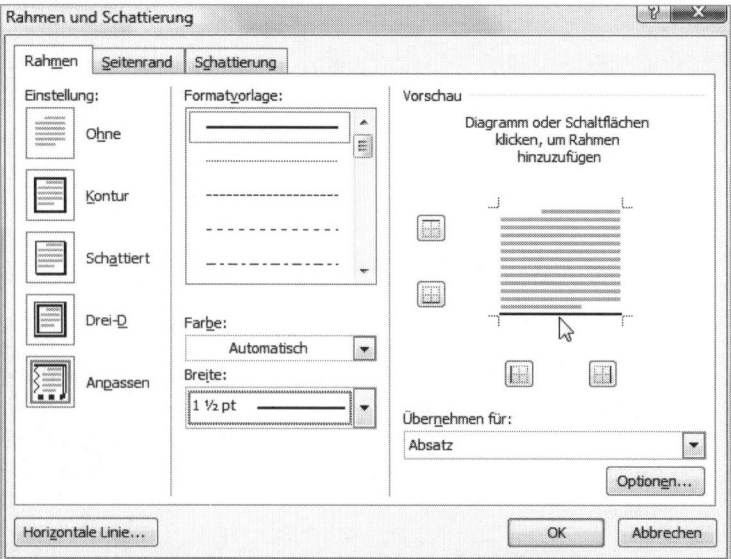

Ein Mausklick auf die Schaltfläche HORIZONTA-LE LINIE... öffnet ein Dialogfenster mit verschiedenen horizontalen Linien, die Sie im Dokument an der Cursorposition als Grafikobjekt einfügen können.

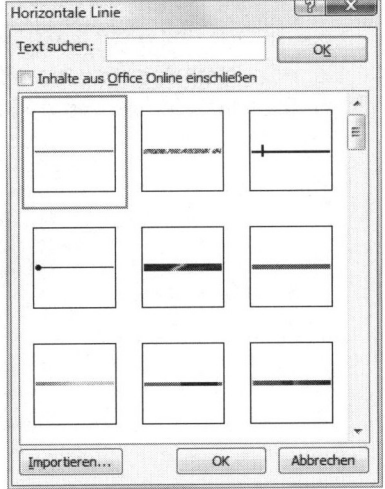

Seite einrahmen

Das Dialogfenster RAHMEN UND SCHATTIERUNG bietet im Register SEITENRAND auch noch die Möglichkeit, eine oder mehrere Seiten mit Rahmen zu versehen. Die aktuelle Cursorposition spielt dabei keine Rolle. Wählen Sie auch hier wieder zunächst Linienart, Farbe und Breite, bevor Sie in der Vorschau die Linien hinzufügen oder entfernen. Zusätzlich können Sie über ein Listenfeld festlegen, für welchen Bereich Sie die Rahmenlinien übernehmen wollen. Anstelle normaler Linien können Sie unter EFFEKTE auch verschiedene grafische Darstellungen auswählen.

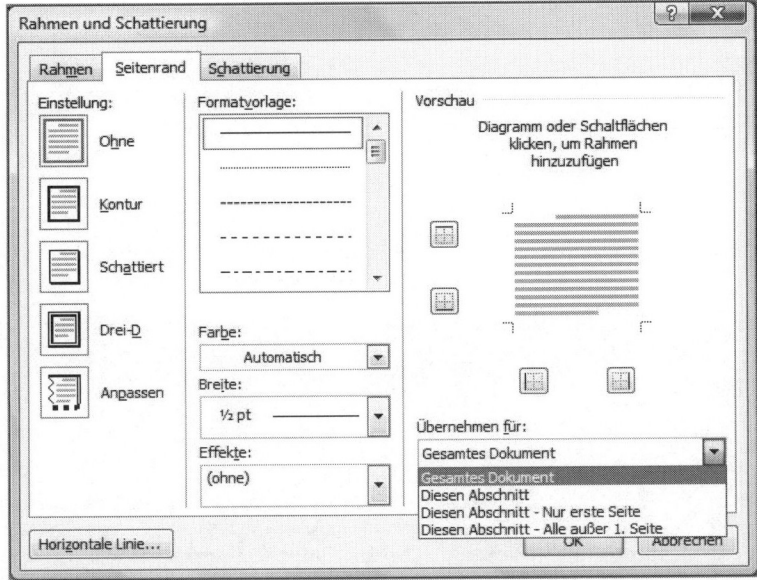

Schattierung

Über die Schattierung können Sie Absätze, Tabellen oder einzelne Textstellen mit einer Hintergrundfarbe formatieren. Mit einem Mausklick auf die Schaltfläche SCHATTIERUNG (Register START, Gruppe ABSATZ) öffnen Sie eine Auswahl verschiedener Farben in unterschiedlicher Intensität. Achten Sie darauf, dass sich die Schriftfarbe von der Hintergrundfarbe deutlich unterscheiden sollte, ggf. müssen Sie auch noch die Schriftfarbe ändern.

Schattierung

Die Schattierung kann sich sowohl auf Absätze, als auch auf Zeichen beziehen.

- Haben Sie innerhalb eines Absatzes einzelne Wörter oder Zeichen markiert, so erhalten diese die ausgewählte Hintergrundfarbe.

- Befindet sich dagegen der Cursor lediglich in einem Absatz oder sind mehrere Absätze markiert, so versehen Sie die Absätze mit einer Hintergrundfarbe.

4.6. Schnelle Formatierung mit Designs

Ein Dokumentdesign setzt sich zusammen aus Schriftart, Farbzusammenstellungen und Designeffekten wie Füllfarben und Linien. Die Gruppe DESIGNS finden Sie im Register SEITENLAYOUT. Sie können entweder über die Schaltfläche DESIGNS das gesamte Aussehen Ihres Dokuments verändern oder mit den Schaltflächen FARBEN, SCHRIFTARTEN, EFFEKTE einzelne Formate wählen. Sobald Sie mit der Maus auf ein Design oder eine Schriftart zeigen, verändert sich das Schriftbild Ihres Dokuments. Auf diese Weise können Sie schnell die Standardschrift des Dokuments festlegen.

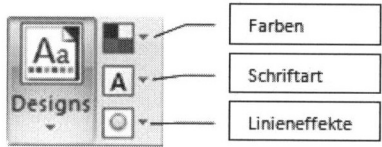

Design auswählen

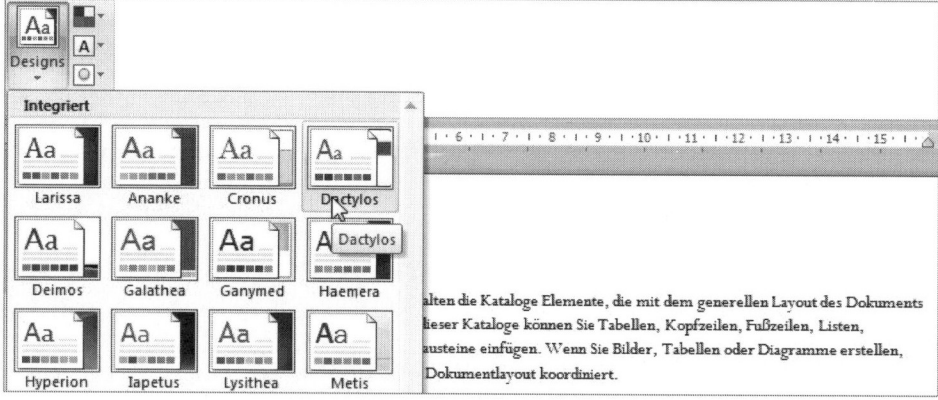

4.7. Format übertragen

Format übertragen

Format übertragen bedeutet, Sie übertragen durch Markieren mit der Maus die gesamte Formatierung einer Textstelle auf eine andere Stelle im Dokument. So gehen Sie dabei vor:

1. Markieren Sie die Textstelle deren Format Sie übertragen wollen (Vorlage).

2. Klicken Sie im Register START, Gruppe ZWISCHENABLAGE auf die Schaltfläche FORMAT ÜBERTRAGEN.

3. Am Mauszeiger sehen Sie nun ein Pinselsymbol. Markieren Sie nun mit der Maus die Textstelle, der Sie die Formatierung zuweisen wollen.

Der Mauszeiger

 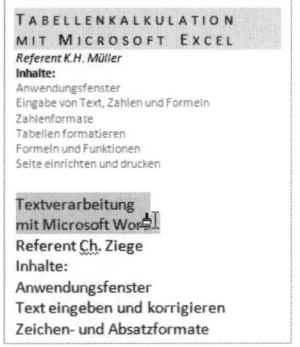 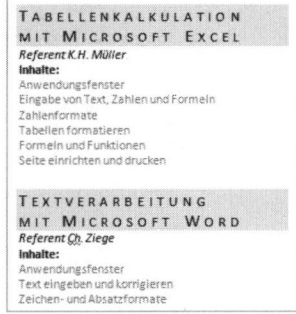

Mit dieser Funktion übertragen Sie sowohl Absatz- als auch Zeichenformate:

*   Wenn Sie einen Absatz einschließlich der Absatzendemarke markiert haben, so übertragen Sie alle Formatierungen dieses Absatzes, etwa Schriftart und Absatzausrichtung. Beim Übertragen von Absatzformaten genügt es auch, wenn sich der Cursor innerhalb des betreffenden Absatzes befindet.

*   Wenn Sie dagegen innerhalb eines Absatzes einzelne Zeichen markiert haben, so übertragen Sie ausschließlich das Format der markierten Zeichen, keine Absatzformate!

Tipp: Mit einem Doppelklick auf die Schaltfläche FORMAT ÜBERTRAGEN bleibt diese Funktion dauerhaft aktiviert. Sie können also ein Format nacheinander auch gleich auf mehrere Textstellen übertragen, mit der Esc-Taste oder einem nochmaligen Mausklick auf das Symbol schalten Sie die Funktion wieder aus.

Format übertragen dauerhalt aktivieren

4.8.   Zusammenfassung

*   Word unterscheidet bei der Textformatierung zwischen Zeichen- und Absatzformaten. Zeichenformate weisen Sie den markierten Zeichen zu, Absatzformate beziehen sich dagegen auf den aktuellen Absatz oder mehrere markierte Absätze. Mit Hilfe der Schaltfläche FORMAT ÜBERTRAGEN können Sie beide Arten von Formaten schnell auf weitere Texte übertragen.

*   Die wichtigsten Zeichenformate sind Schriftart, Schriftfarbe und Schriftgröße, sowie die Schriftattribute fett, kursiv und unterstrichen. Weitere Zeichenformate finden Sie im Dialogfenster SCHRIFTART.

*   Die wichtigsten Absatzformate steuern Ausrichtung und Einzüge von Absätzen. Als Einzug bezeichnet man den Abstand zum rechten oder linken Seitenrand, über Sondereinzüge können Sie das Aussehen der ersten Zeile eines Absatzes festlegen. Sie können auch entweder während der Eingabe oder nachträglich Absätze mit Aufzählungszeichen oder einer fortlaufenden Nummerierung versehen. Abstände gehören ebenfalls zu den Absatzformaten und

steuern den Zeilenabstand innerhalb eines Absatzes oder den Abstand zum vorherigen, bzw. nachfolgenden Absatz.

- Rahmenlinien und Hintergrundschattierung können sich sowohl auf markierte Zeichen, einen oder mehrere Absätze als auch auf eine ganze Seite beziehen. Sollen mehrere Absätze innerhalb eines einzigen Rahmens zusammengefasst werden, so müssen alle Absätze unbedingt gleiche Einzüge besitzen!

- Schnelle Formatierungsmöglichkeiten bietet Word 2007 über eine Sammlung verschiedener Designs an.

4.9.   Übung

Übung

Aufgabenstellung

Öffnen Sie die Datei **Formatierung_Rohtext** oder erstellen Sie ein neues, leeres Dokument und geben Sie den folgenden Text ein. Speichern Sie das Dokument anschließend unter dem Namen **Formatierung_Angebot** auf Ihrer Festplatte.

Das gesamte Dokument erhält als normale Schrift die Schriftart Calibri in Schriftgröße 11 (dies ist auch die Standardeinstellung von Word 2007).

SumSum – Moderne Haushaltsgeräte
Grenzstr. 12b
58443 Orthingen
Telefon 08123-4711
Fax 08123-4712

Frau Bettina B. Liebig
Wasserweg 2
99812 Irgendwo

Ohrtingen, 1. April 2008

Angebot

Sehr geehrte Frau Liebig,

Wie gewünscht, senden wir Ihnen unser Angebot an Staubsaugern:
SuperMaxx 3D-Turbo, unser Premium-Modell mit tiefer gelegtem Fahrwerk und sportlichem Sound
589,00 €
Mega SX 3000, unser bewährtes Standardmodell, in vielen verschiedenen Lackierungen erhältlich
Gold metallic, Silber metallic, Camouflage-Look und Ferrari-rot
299,00 €

Bei Fragen helfen wir Ihnen gern unter der folgenden Hotline weiter:
0900 981287

Bei etwaigen Reklamationen beachten Sie bitte unsere allgemeinen Geschäftsbedingungen:
Transportschaden oder Transportverlust
Bei Transportschäden kontaktieren Sie uns bitte innerhalb von Werktagen nach Erhalt der Lieferung
telefonisch unter der Nr. 0180-111111 oder schriftlich, bzw. per E-Mail an info@sumsum.de
Falschlieferung
Bei einer Falschlieferung kontaktieren Sie uns bitte umgehend nach Erhalt der Ware telefonisch unter
der Nummer 0180-222222 oder schriftlich, bzw. per E-Mail an oben genannte Adresse. Sie erhalten
dann eine Vorgangsnummer, welche Sie bitte bei der Rücksendung angeben. Nach Eingang der falsch
gelieferten Ware werden wir umgehend eine Korrekturlieferung veranlassen.
Widerruf
Bei Nichtgefallen können Sie die gekaufte Ware innerhalb von 14 Tagen ohne Angabe von Gründen
zurückgeben.

Formatieren Sie das Dokument ähnlich dem abgebildeten Muster:

Formatierungshinweise
Absenderangaben

- Zeile 1: Text SumSum in Schriftart Times New Roman, Schriftgröße 36, Kapitälchen, Zeichenabstand erweitert um 4 pt. Die beiden Buchstaben S erhalten Schriftfarbe dunkelblau, die übrigen Zeichen dunkelgrau. Den Text „Moderne Haushaltsgeräte formatieren Sie ebenfalls in Schriftfarbe dunkelgrau, Schriftgröße 18.

- Die beiden nächsten Zeilen (Straße und Ort) erhalten Schriftgröße 10, Telefon und Fax Schriftgröße 8.

- Die gesamte Absenderadresse erhält eine hellgraue Schattierung und eine dunkelblaue Rahmenlinie unterhalb, Linienbreite 3 pt. Absenderort und Datum werden rechtsbündig ausgerichtet.

Angebotstext

- Der Text "Angebot" wird zentriert ausgerichtet und erhält Schriftart Arial Black, Größe 18pt.

- Die beiden Staubsaugermodelle formatieren Sie ähnlich der Abbildung mit Aufzählungszeichen und linkem Einzug. Zusätzlich erhalten diese Absätze auch noch einen rechten Einzug von 2 cm. Die Preise formatieren Sie fett und in rot, die Modellbezeichnungen fett und in Schriftgröße 14.

- Der Absatz "Bei Fragen ...." erhält einen linken Einzug von 7,5 cm sowie einen Rahmen. Die Schrift formatieren Sie in Größe 8pt, kursiv, die Telefonnummer in Größe 11, fett entsprechend der Abbildung.

- Den Absatz "bei etwaigen Reklamationen..." formatieren Sie entsprechend der Abbildung.

- Die letzten drei Absätze (allgemeine Geschäftsbedingungen) erhalten einen linken Einzug von 3,75 cm, Blocksatz sowie Schriftgröße 8pt. Die jeweiligen Überschriften formatieren Sie zusätzlich fett und unterstrichen.

- Fügen Sie noch Leerzeilen hinzu, entsprechend der Abbildung.

Bemerkungen:

_____

_____

_____

5. Druckseite einrichten, Seiten- und Abschnittsformate

In dieser Lektion lernen Sie...

- Word-Dokumente in der Seitenansicht kontrollieren und drucken
- Seitenränder und Papierformat
- Automatischer und manueller Seitenumbruch
- Ein Dokument in Abschnitte aufteilen
- Text in Spalten

Was Sie für diese Lektion wissen sollten:

- Text eingeben und korrigieren
- Formatieren

Neben den allgemeinen Druckeinstellungen ermöglicht Word auch eine vorherige Kontrolle des Ausdrucks in der Seitenansicht. Einstellungen wie Seitenränder und Papierausrichtung legen beim Drucken eigentlich das Aussehen von Dokument-abschnitten fest. Da jedoch ein Dokument standardmäßig nur aus einem einzigen Abschnitt besteht, gelten diese Einstellungen auch gleichzeitig für das gesamte Dokument. Eine Aufteilung in mehrere Abschnitte ist nur dann erforderlich, wenn Sie innerhalb eines Dokuments beispielsweise unterschiedliche Seitenränder oder mehrspaltige Abschnitte benötigen.

5.1. Dokument drucken

Alle Befehle zum Drucken eines Dokuments erscheinen nach einem Mausklick auf die OFFICE-Schaltfläche. Zeigen Sie auf den Befehl DRUCKEN und wählen Sie die gewünschte Einstellung. Im Gegensatz zum SCHNELLDRUCK, bei dem das gesamte Dokument automatisch mit dem Standarddrucker gedruckt wird, können Sie über DRUCKEN und SEITENANSICHT noch Änderungen vornehmen.

OFFICE-Schaltfläche

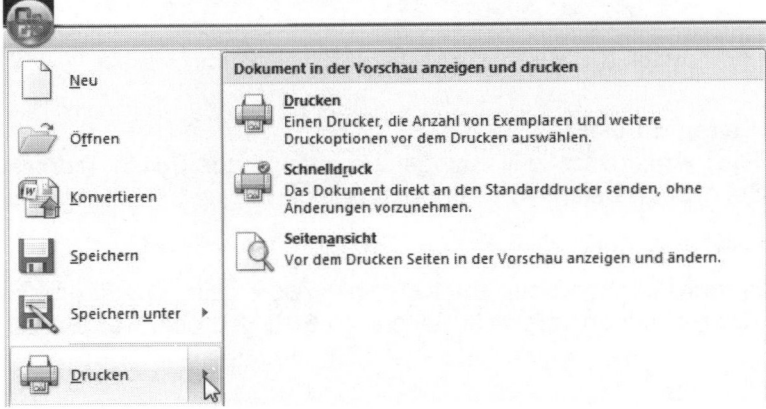

Druckeinstellungen

Mit dem Befehl DRUCKEN öffnet Word ein Dialogfenster mit verschiedenen Druck-einstellungen:

Drucken

Drucker auswählen

Verfügen Sie über mehrere Drucker, so wählen Sie im Listenfeld NAME den gewünschten Drucker aus, ansonsten verwendet Word denjenigen Drucker, den Sie unter Windows als Standarddrucker festgelegt haben.

Anzahl Exemplare

Beim Drucken mehrerer Exemplare kann auch ein sortierter Ausdruck erfolgen, dies geben Sie unter EXEMPLARE an.

Das Dialogfenster
DRUCKEN

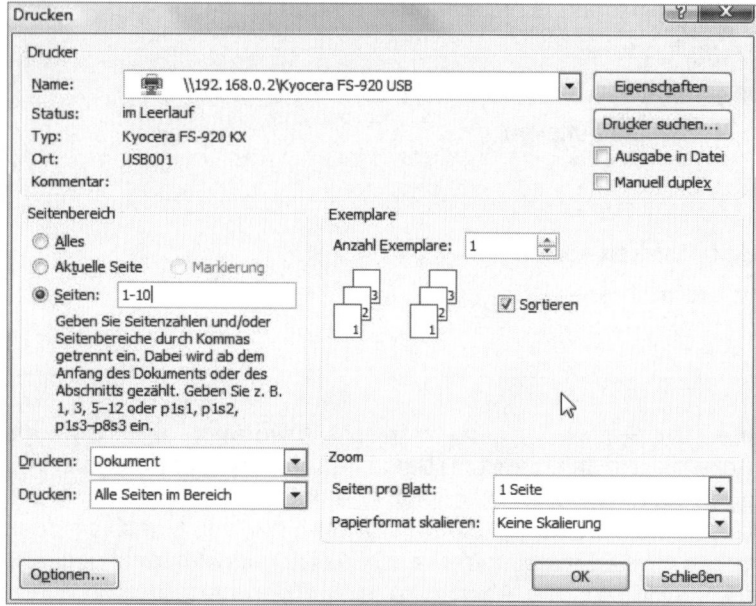

Seitenbereich

Sollen nur bestimmte Seiten gedruckt werden, so geben Sie diese unter Seitenbereich an.

Sie möchten drucken...	Geben Sie an:
die Seite, in der sich der Cursor gerade befindet	Aktuelle Seite
die Seiten von 1 bis 10	1-10
die Seiten 5 und 8, sowie die Seiten 10 bis 20	5,8,10-20
den markierten Text	Markierung

Gerade/ungerade Seiten drucken

Sollen von einem Dokument ausschließlich ungerade oder gerade Seiten gedruckt werden, so geben Sie dies im Listenfeld DRUCKEN an.

Mehrere Seiten

Mehrere Seiten auf
einer Druckseite
drucken.

Umfangreiche Dokumente können über das Listenfeld ZOOM beim Drucken auch verkleinert werden. Geben Sie an, wie viele Seiten pro Blatt gedruckt werden sollen.

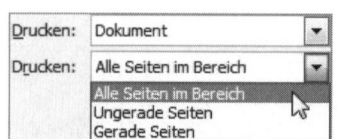

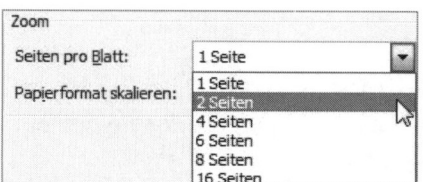

5.2. Seitenansicht / Druckvorschau

Vor dem Drucken sollten Sie die Druckausgabe Ihres Dokuments noch in der Seitenansicht kontrollieren. Sie finden die SEITENANSICHT über die OFFICE-Schaltfläche, Befehl DRUCKEN. Die Seitenansicht zeigt ein Dokument so an, wie es später gedruckt wird. Gleichzeitig erscheint das Register SEITENANSICHT, in dem Sie Druckeinstellungen vornehmen und die Anzeige steuern können. Mit der Befehlsschaltfläche DRUCKVORSCHAU SCHLIESSEN kehren Sie zurück zur vorherigen Ansicht von Word und können mit der Textbearbeitung fortfahren.

Seitenansicht

Enthält Ihr Dokument mehrere Seiten, so geben Sie in der Gruppe ZOOM an, wie viele Seiten gleichzeitig auf dem Bildschirm angezeigt werden sollen. Mit den Schaltflächen NÄCHSTE, bzw. VORHERIGE SEITE blättern Sie im Text. Nützliche Hilfsmittel sind auch LINEAL und LUPE. Der Mauszeiger wird als Lupe dargestellt und Sie können mit einem Mausklick einzelne Stellen vergrößern und wieder verkleinern.

Text in der Seitenansicht vergrößern

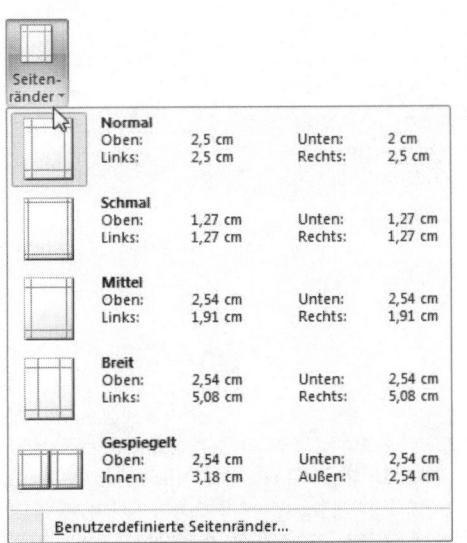

5.3. Seite einrichten

Alle Seiteneinstellungen, bzw. die Gruppe SEITE EINRICHTEN finden Sie entweder im Register SEITENLAYOUT oder in der Symbolleiste SEITENANSICHT bei geöffneter Seitenansicht.

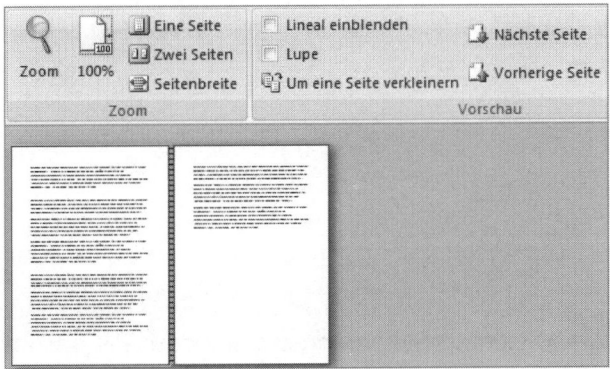
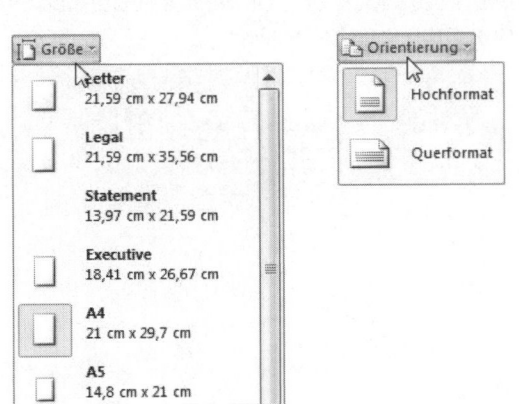

Seitenränder und Papier

Die Schaltfläche ORIENTIERUNG legt die Papierausrichtung Hochformat oder Querformat fest, über GRÖßE geben Sie das verwendete Papierformat (standardmäßig A4) an. Die Schaltfläche SEITENRÄNDER zeigt zunächst eine Liste von Voreinstellungen. Mit dem Befehl BENUTZERDEFINIERTE SEITENRÄNDER... öffnen Sie das Dialogfenster SEITE EINRICHTEN für weitere Einstellungen oder klicken Sie auf das Pfeil-Symbol der Gruppe SEITE EINRICHTEN.

Klicken Sie auf dieses Symbol der Gruppe SEITE EINRICHTEN

Das Dialogfenster Seite einrichten

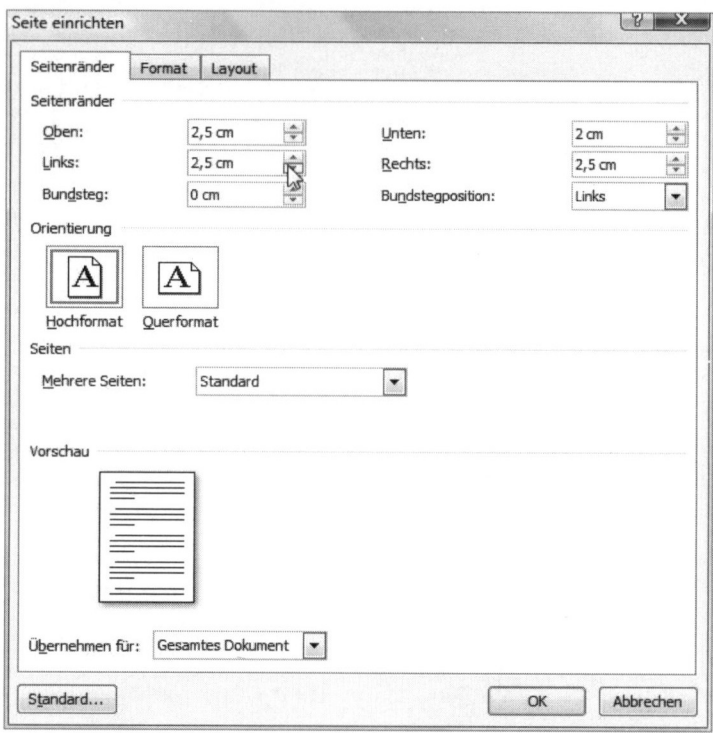

Die Maßeinheit cm muss als Standardmaß für Seitenränder nicht mit angegeben werden

Geben Sie im Dialogfenster die gewünschten Seitenränder ein, indem Sie entweder auf die kleinen Pfeile klicken oder den Wert in cm direkt in das Feld eingeben. Benötigen Sie zusätzlich Platz zum Binden oder Lochen der Seiten, so können Sie einen Wert als Bundsteg, bzw. die Bundstegposition angeben.

Bei Dokumenten mit mehreren Seiten können Sie unter SEITEN auch noch festlegen, ob beim Drucken auf Vorder- und Rückseite die Seitenränder spiegelverkehrt gedruckt werden sollen, d.h. als Innen- und Außenränder. Geben Sie darunter eventuell noch an, für welchen Bereich des Dokuments diese Einstellungen übernommen werden sollen.

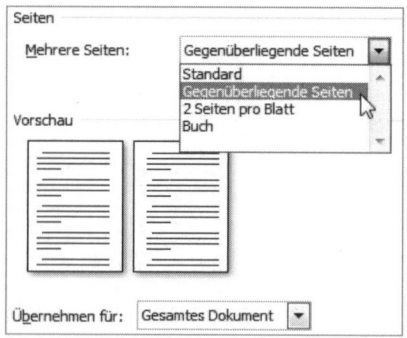

Das Dialogfenster SEITE EINRICHTEN verfügt auch noch über die Register FORMAT und LAYOUT. Im Register FORMAT, bzw. über den Befehl WEITERE PAPIERFORMATE... der Schaltfläche GRÖSSE stehen auch noch andere gängige Papierformate zur Auswahl. Verfügt ein angeschlossener Drucker über mehrere Einzugsschächte, dann können Sie hier auch noch die gewünschte Papierzufuhr wählen.

Papierformat und Papierzufuhr wählen

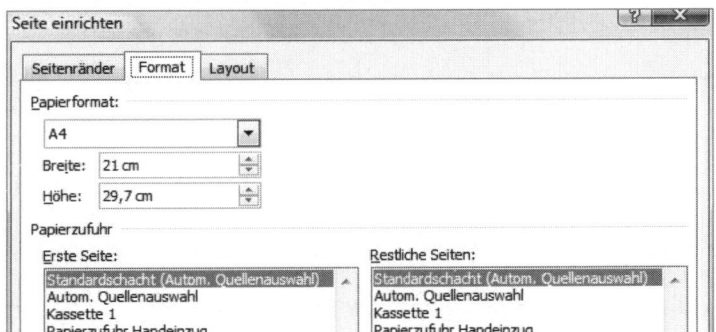

Papierzufuhr des
Druckers wählen

5.4. Ein Dokument in Abschnitte aufteilen

Register SEITENLAYOUT,
Gruppe SEITE
EINRICHTEN

Einstellungen wie Seitenränder und Ausrichtung sind eigentlich so genannte Abschnittsformate. Meist besteht ein Dokument nur aus einem einzigen Abschnitt, dann gelten alle diese Einstellungen automatisch für das gesamte Dokument. Benötigen Sie dagegen innerhalb eines Dokuments unterschiedliche Seitenränder oder möchten Sie eine oder mehrere Seiten des Dokuments abweichend im Querformat drucken, dann ist ein Abschnittwechsel erforderlich. Rufen Sie dazu das Register SEITENLAYOUT auf, Gruppe SEITE EINRICHTEN. Ein Mausklick auf die Schaltfläche UMBRÜCHE öffnet ein Listenfeld, wählen Sie unter ABSCHNITTSUMBRÜCHE die gewünschte Umbruchart aus.

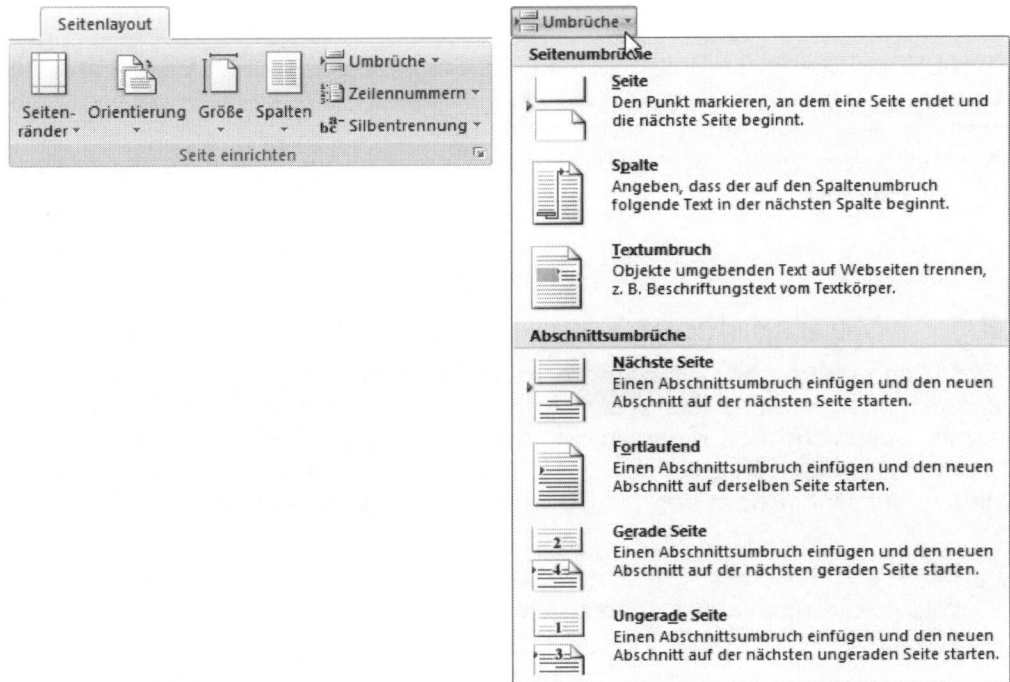

Nächste Seite	Der neue Abschnitt beginnt mit einer neuen Seite
Fortlaufend	Der neue Abschnitt beginnt noch auf derselben Seite
Gerade / Ungerade	Der neue Abschnitt beginnt auf der nächsten geraden oder ungeraden Seite.

Abschnittsumbruch
einfügen

 **ALLE ANZEIGEN**

Sind die nicht druckbaren Steuerzeichen von Word sichtbar, so wird ein Abschnittwechsel durch eine gepunktete Doppellinie dargestellt.

Fortlaufender Abschnittwechsel

Abschnittwechsel löschen

Klicken Sie dazu mit der Maus in die Doppellinie und drücken Sie die Taste Entf. Damit werden alle Einstellungen des vorhergehenden Abschnitts gelöscht und die Formate vom nachfolgenden Abschnitt übernommen.

Einstellungen einem Abschnitt zuweisen

Nun können Sie Einstellungen wie Papierausrichtung und Seitenränder für einen Abschnitt ändern:

1. Achten Sie darauf, dass sich der Cursor in diesem Abschnitt befindet.

Das Dialogfenster
SEITE EINRICHTEN öffnen

2. Öffnen Sie das Dialogfenster SEITE EINRICHTEN, nehmen Sie die gewünschten Eistellungen vor und wählen Sie dann im Listenfeld ÜBERNEHMEN FÜR den aktuellen Abschnitt aus.

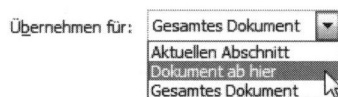

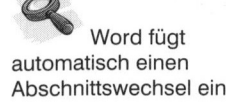 Word fügt automatisch einen Abschnittswechsel ein

Tipp: Wenn Sie im Listenfeld ÜBERNEHMEN FÜR die Auswahl DOKUMENT AB HIER verwenden, dann gelten diese Einstellungen ab Cursorposition für das gesamte restliche Dokument. Word fügt an dieser Stelle automatisch einen fortlaufenden Abschnittswechsel ein. Achten Sie auf die Cursorposition, bevor Sie das Dialogfenster öffnen

5.5.   Mehrspaltiger Text

Word kann Text auch in zwei oder mehr Spalten anordnen. Besteht das Dokument aus einem einzigen Abschnitt, so bezieht sich die Spaltenaufteilung auf das gesamte Dokument. Soll dagegen nur ein Teil des Dokuments mehrspaltig sein, dann müssen Sie das Dokument zuvor wieder in Abschnitte aufteilen (siehe oben) und darauf achten, dass sich der Cursor im entsprechenden Abschnitt befindet.

Zweispaltiger Text in einem Dokument mit fortlaufendem Abschnittwechsel

Rufen Sie das Register SEITENLAYOUT auf, Gruppe SEITE EINRICHTEN und klicken Sie auf die Schaltfläche SPALTEN. Wählen Sie entweder im Listenfeld eine der Standardmöglichkeiten oder öffnen Sie mit dem Befehl WEITERE SPALTEN das Dialogfenster SPALTEN für detailliertere Einstellungen.

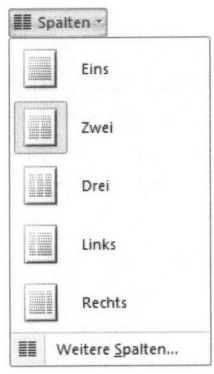
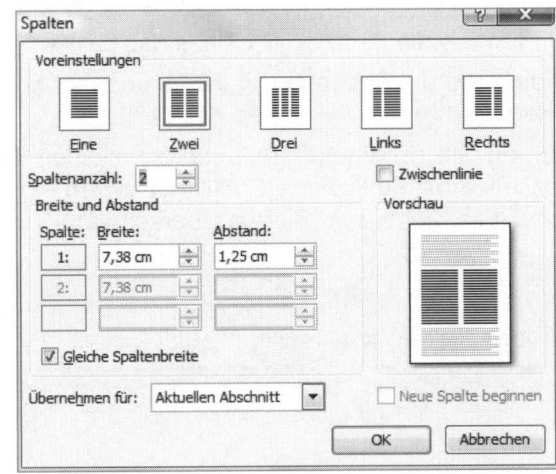

Dialogfenster Spalten

Geben Sie bei Bedarf den gewünschten Abstand zwischen den Spalten an. Eine Zwischenlinie zwischen den Spalten können Sie mit dem Kontrollkästchen einfügen. Ist das Kontrollkästchen GLEICHE SPALTENBREITE aktiviert, so erfolgt eine automatische Anpassung der Spaltenbreiten entsprechend der gewählten Spaltenanzahl und der Seitenbreite.

Tipp: Mit einem Mausklick auf den Pfeil des Listenfeldes ÜBERNEHMEN FÜR und die Einstellung DOKUMENT AB HIER fügt Word gleichzeitig einen fortlaufenden Abschnittwechsel ein.

Übernehmen für Dokument ab Cursorposition

5.6. Zusammenfassung

- Die Befehle DRUCKEN und SEITENANSICHT rufen Sie in Word 2007 über die Office-Schaltfläche auf. Verschiedene Druckoptionen, wie Anzahl der Exemplare, Druckbereich oder einen bestimmten Drucker wählen Sie über das Dialogfenster DRUCKEN, der Befehl SCHNELLDRUCK sendet dagegen das Dokument ohne weitere Einstellungen an den Standarddrucker. In der Seitenansicht sollten Sie ein Dokument zuerst am Bildschirm kontrollieren. Zusammen mit der Seitenansicht erscheint das Register SEITENANSICHT mit Befehlen zur Steuerung der Vorschau.

- Einstellungen wie Papierausrichtung und Seitenränder können im Dialogfenster SEITE EINRICHTEN vorgenommen werden. Standardmäßig gelten diese Einstellungen für das gesamte Dokument. Wenn Sie ein Dokument in Abschnitte aufteilen, so können Sie jedem der Abschnitte eigene Seitenformate zuweisen, diese Einstellungen werden daher auch als Abschnittformate bezeichnet.

- Auch mehrspaltiger Text zählt zu den Abschnittformaten. Soll eine Druckseite einspaltigen und zweispaltigen Text enthalten, so ist dafür ein fortlaufender Abschnittwechsel erforderlich.

5.7. Übung

Aufgabe

- Öffnen Sie das Dokument Computerlexikon.
- Richten Sie die Seite so ein, dass das Lexikon im Querformat gedruckt wird.
- Ändern Sie die Seitenränder: Links und rechts jeweils 2 cm, oben und unten je 3 cm.
- Richten Sie unterhalb der Überschrift einen dreispaltigen Abschnitt ein. Alle Spalten erhalten gleiche Breite mit einem Abstand von 1 cm und einer Zwischenlinie. Zentrieren Sie die Überschrift.

Das Ergebnis sollte etwa so aussehen:

Kleines Computerlexikon

AMD
Hersteller von Prozessoren.

Betriebssystem
Das Betriebssystem ist die wichtigste Software eines Computers und umfasst eigentlich eine ganze Gruppe von Programmen zur Bedienung und Verwaltung eines Computers. Dazu gehören die Steuerung der Hardware, die Dateiverwaltung und die Benutzeroberfläche zur Bedienung des Computers.

BIOS
Abkürzung für Basic Input Output System, enthält die wichtigsten Funktionen, die zum Starten eines Computers nötig sind. Das BIOS ist fester Bestandteil des Computers.

Bit
Ein Bit stellt in der EDV die kleinste Speichereinheit dar, allerdings lassen sich damit nur die Informationen 0 und 1 speichern. Ein Byte umfasst 8 Bit.

Booten
Den Startvorgang nach dem Einschalten des Computers bezeichnet man auch als Booten.

Bussystem
Der eigentliche Datentransport zwischen den verschiedenen Geräten, beispielsweise Tastatur, CD und Bildschirm erfolgt über ein so genanntes Bussystem. PCI (Peripheral Component Interconnect) ist einer der bekanntesten Standards.

Byte
Ein Byte umfasst 8 Bit, und kann die Zahlen von 0 bis 255 speichern.

CPU
Abkürzung für Central Processing Unit, eine gebräuchliche Bezeichnung für den Prozessor als zentrale Verarbeitungseinheit.

dpi
Die Auflösung eines Druckers wird in dpi = Dots per Inch (Punkt pro Inch) angegeben

Drag & Drop
dt. ziehen und fallenlassen, bezeichnet eine Methode, wie mit man gedrückter Maustaste Objekte verschieben kann.

DSL
Abkürzung für Digital Subscriber Line, eine

Technik zur schnellen Datenübermittlung über eine Telefonleitung.

DVD
Digital Versatile Disk, weist im Gegensatz zur CD mit 4,7 GB eine erheblich höhere Speicherkapazität auf und ist daher auch zum Speichern von Videos geeignet.

Floppy Disk
Eine andere Bezeichnung für die Diskette.

INTEL
Hersteller von Prozessoren.

ISDN
Abkürzung für Integrated Services Digital Network, ein internationaler Standard für digitale Kommunikation.

JPEG
Dateiformat, das häufig für die Speicherung von Bildern verwendet wird.

LAN
Local Area Network. Ein lokales Netzwerk, das innerhalb eines abgegrenzten Bereiches mehrere Computer miteinander zum

Lösungshinweise:

- Die Seitenränder ändern Sie über das Register SEITENLAYOUT, Gruppe SEITE EINRICHTEN. Klicken Sie auf die Schaltfläche SEITENRÄNDER, dann auf den Befehl BENUTZERDEFINIERTE SEITENRÄNDER… und geben Sie im Dialogfenster die Ränder ein.

- Zur Aufteilung in drei Spalten positionieren Sie den Cursor am Beginn der zweiten Zeile, links vom Wort "AMD". Klicken Sie dann im Register SEITENLAYOUT, Register SEITE EINRICHTEN auf die Schaltfläche SPALTEN und auf den Befehl WEITERE SPALTEN…

- Legen Sie nun die Spaltenanzahl (3) fest, achten Sie darauf, dass das Kontrollkästchen Gleiche Spaltenbreite aktiviert ist und ändern Sie den Abstand auf 1 cm. Aktivieren Sie noch das Kontrollkästchen ZWISCHENLINIE und wählen Sie im Listenfeld ÜBERNEHMEN FÜR: die Einstellung DOKUMENT AB HIER.

- An der Cursorposition wird dadurch gleichzeitig ein fortlaufender Abschnittwechsel eingefügt.

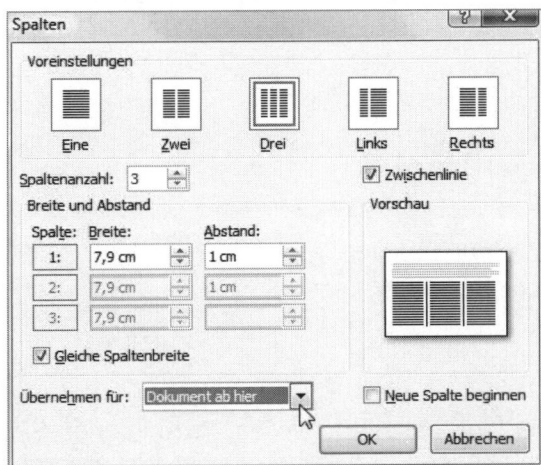

Bemerkungen:

_____

_____

_____

6. Tabulatoren und Tabellen

In dieser Lektion lernen Sie...

* Arbeiten mit Tabstopps
* Tabellen einfügen
* Bearbeiten und Formatieren von Tabellen

Was Sie für diese Lektion wissen sollten:

* Texteingabe
* Zeichen- und Absatzformate

Viele Inhalte lassen sich in Tabellenform besser darstellen. Dazu können Sie entweder Tabstopps oder Tabellen verwenden. Auf keinen Fall sollten Sie zur Ausrichtung von Text in Spalten die Abstände mit Leerzeichen erzeugen! Da fast immer Proportionalschriften mit unterschiedlichen Zeichenbreiten verwendet werden, ist es mit Leerzeichen nicht möglich, Text über mehrere Zeilen in Spalten exakt untereinander auszurichten. Auch bei nachträglichen Änderungen geraten auf diese Weise erzeugte Spalten schnell aus den Fugen.

Wichtig: Erzeugen Sie Abstände im Text nicht mit Leerzeichen, sondern mit Tabstopps oder Tabellen!

6.1. Tabstopps

Standardtabstopps

Tabstopps orientieren sich an festen Positionen

Tabstopps orientieren sich nicht an der Zeichenbreite, sondern sind feste, vorgegebene Positionen, die Sie mit der Tab-Taste der Tastatur ansteuern. Word verfügt über Standardtabstopps in Abständen von je 1,25 cm. Mit ihrer Hilfe können Sie während der Eingabe über mehrere Zeilen schnell Spalten erzeugen. Bei sichtbaren Steuerzeichen werden die Tabulatorzeichen als kleine schwarze Pfeile dargestellt. Tabulatorzeichen können, wie alle anderen (nicht druckbaren) Steuerzeichen, auch, nachträglich gelöscht oder eingefügt werden.

Während der Eingabe schnell Spalten erzeugen

Beispiel: eine Tabelle mit Hilfe der Standardtabstopps erzeugen

Name→ → → →	Abteilung →	→	Tel.·Durchwahl¶
Bauer,·Franz → → →	Buchhaltung →	→	102¶
Kleinlich,·Irene→ →	Buchhaltung →	→	105¶
von·Baumholz,·Friedrich →	Geschäftsleitung →		900¶
Dr.·Kläffer,·Hartmut → →	Entwicklung →	→	712¶

Nachteile

* Die Standardtabstopps sind immer linksbündige Tabstopps, das bedeutet, der Text wird an der Tabstopp-Position linksbündig ausgerichtet.
* Nachträglichen Änderungen am Text machen unter Umständen auch das Löschen oder Einfügen weiterer Tabulatorzeichen nötig. Daher eignet sich diese Methode nur bedingt für größere Tabellen.

Tabstopps setzen

Anstelle der Standardtabstopps können Sie auch eigene Tabstopps festlegen und damit gleichzeitig auch eine andere Ausrichtung wählen. Beim Setzen eines Tabstopps werden alle Standardtabstopps links von dieser Position aufgehoben. Beachten Sie, dass Tabstopps zu den Absatzformaten gehören und nicht für das gesamte Dokument, sondern immer nur für Absätze gelten.

Benutzerdefinierte Tabstopps beziehen sich auf Absätze

Durch Drücken der Eingabe-Taste können Sie bei der Eingabe Tabstopps in den nächsten Absatz übernehmen.

So gehen Sie beim Festlegen von Tabstopps vor:

1. Sorgen Sie zunächst dafür, dass das Lineal eingeblendet ist.
Am linken Rand des horizontalen Lineals befindet sich ein kleines Kästchen mit der aktuellen Tabstoppausrichtung. Klicken Sie nun mehrmals auf das Tabstoppsymbol, bis die gewünschte Tabstoppausrichtung erscheint.

Register ANSICHT, LINEAL einblenden

Tabstoppsymbol im Lineal

2. Folgende Tabstopp-Ausrichtungen stehen zur Auswahl:

L	Linksbündig	⊥	Zentriert
⅃	Rechtsbündig	⊥	Dezimal, das Dezimaltrennzeichen (,) wird am Tabstopp ausgerichtet.

3. Klicken Sie nun mit der Maus im Lineal an die Position, an der der Tabstopp gesetzt werden soll. Im Lineal erscheint an dieser Stelle die Tabstoppmarke.

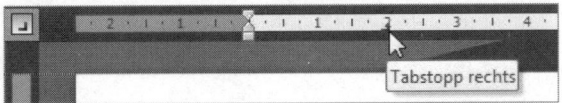

Tabstopps verschieben

Bei Bedarf können Sie diese Marke im Lineal mit gedrückter Maustaste nach rechts oder links verschieben. Wird ein Tabstopp von mehreren Absätzen verwendet, so müssen Sie die Absätze markieren, bevor Sie den Tabstopp verschieben.

Markieren Sie die Absätze bei nachträglichen Änderungen

Tabstopp mit der Maus verschieben

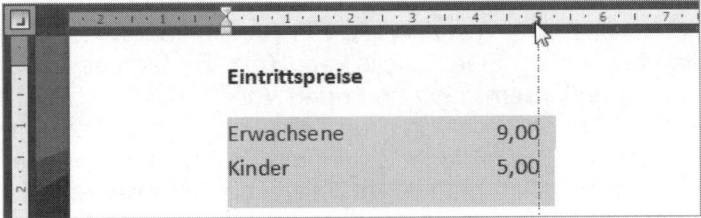

Tabstopp löschen

Zum Löschen genügt es, wenn Sie die Tabstoppmarke mit gedrückter Maustaste aus dem Lineal heraus nach unten ziehen.

Öffnen Sie das
Dialogfenster
TABSTOPPS

Exakte Position
angeben

Füllzeichen verwenden

Benötigen Sie bis zur nächsten Tabstoppposition Füllzeichen, beispielsweise Punkte, so können Sie dies im Dialogfenster TABSTOPPS festlegen. Setzen Sie dazu im Lineal einen Tabstopp mit der gewünschten Ausrichtung. Mit einem Doppelklick auf die Tabstoppmarke öffnet sich das Dialogfenster TABSTOPPS.

Tipp: Verwenden Sie das Dialogfenster TABSTOPPS auch, um einen Tabstopp an eine exakt definierte Stelle zu setzen, dies ist mit Hilfe des Lineals nicht immer möglich.

- Geben Sie zuerst die gewünschte Position an.
- Wählen Sie dann Ausrichtung und Füllzeichen und klicken Sie anschließend auf die Schaltfläche FESTLEGEN.
- Legen Sie bei Bedarf noch weitere Tabstopps fest und schließen Sie das Fenster mit der Schaltfläche OK.

Beispiel Preisliste mit Füllzeichen:

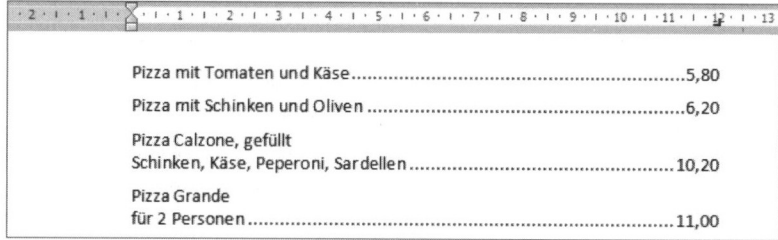

6.2. Tabellen

Mit Ausnahme der Füllzeichen lässt sich Text mit Hilfe von Tabellen auf wesentlich einfachere Weise in Spalten ausrichten. Eine Tabelle kann Text, Zahlen und Grafiken enthalten. Tabellen bieten außerdem auch noch den Vorteil, dass sich viele Formatierungen einfacher durchführen lassen. In einer Zelle sind auch mehrzeilige Einträge möglich, dabei erfolgt ein automatischer Zeilenumbruch. Sie können aber auch innerhalb einer Tabellenzelle einen manuellen Zeilenumbruch oder ein Absatzende einfügen. Die Breite der Spalten, sowie die Zeilenhöhe kann nachträglich jederzeit angepasst werden.

Zum Einfügen einer Tabelle kennt Word verschiedene Möglichkeiten:

- Tabelle einfügen
- Tabelle zeichnen
- Text nachträglich in eine Tabelle umwandeln

Tabelle einfügen

Überlegen Sie vorher, wie viele Spalten Sie in der Tabelle benötigen, die Anzahl der Zeilen spielt dagegen vorerst keine Rolle. Die Zeilen werden während der Eingabe automatisch an die Tabelle angefügt. Achten Sie beim Einfügen einer Tabelle auch darauf, dass sich der Cursor am Beginn eines neuen Absatzes befindet.

Klicken Sie dann mit der Maus im Register EINFÜGEN auf die Schaltfläche TABELLE. Im Dokument erscheint eine Tabelle sobald Sie mit der Maus in das Raster zeigen. Legen Sie abschließend durch Klicken die gewünschte Anzahl Spalten und Zeilen fest.

Wie viele Spalten werden benötigt?

Tabelle einfügen

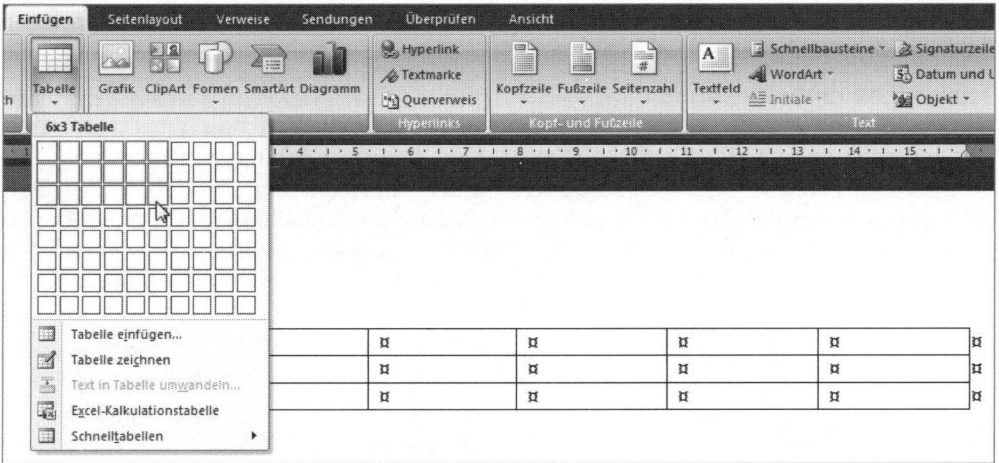

Oder klicken Sie in der geöffneten Liste darunter mit der Maus auf den Befehl TABELLE EINFÜGEN... Word öffnet das Dialogfenster TABELLE EINFÜGEN... in dem Sie ebenfalls die gewünschte Anzahl Spalten und Zeilen eingeben können. Wählen Sie feste Spaltenbreite mit der Einstellung Auto, damit erhalten zunächst alle Spalten die gleiche Breite, dies ist auch die Standardeinstellung. Mit der Einstellung OPTIMALE BREITE: INHALT passt Word die Spaltenbreite automatisch an den Inhalt an. Die Einstellung OPTIMALE BREITE: FENSTER eignet sich dagegen nur für die Erstellung von Webseiten.

Das Dialogfenster TABELLE EINFÜGEN

Tabelle zeichnen

Die zweite Möglichkeit, eine Tabelle zeichnen, aktivieren Sie ebenfalls über die Schaltfläche TABELLE. Sobald Sie auf das Symbol TABELLE ZEICHNEN geklickt haben, erscheint als Mauszeiger ein Stift und Sie können im Dokument mit gedrückter Maustaste eine Tabelle zeichnen. Sie beginnen immer mit einem Rechteck als äußerem Rahmen, den Sie anschließend mit waagrechten und senkrechten Linien beliebig aufteilen können. Mit einem Mausklick auf die Schaltfläche TABELLE ZEICHNEN, Register ENTWURF beenden Sie das Zeichnen und es erscheint wieder der normale Mauszeiger. Mit dieser Schaltfläche TABELLE ZEICHNEN können Sie auch später jederzeit wieder die Funktion Zeichnen aktivieren.

Beginnen Sie beim Zeichnen immer mit dem äußeren Rahmen

Tabelle zeichnen

Einzelne Linien können Sie bei Bedarf mit dem Radierer auch wieder löschen. Dazu genügt es, wenn Sie den Radierer mit der Schaltfläche aktivieren und mit der Maus auf die entsprechende Linie klicken.

Text in Tabellen umwandeln

Text mit Tabstopps nachträglich in eine Tabelle umwandeln

Neben diesen beiden Möglichkeiten können Sie Text auch nachträglich in eine Tabelle umwandeln. Die Aufteilung in Spalten erfolgt anhand von Absätzen, Tabstopps, Semikolons oder beliebigen anderen Trennzeichen. Markieren Sie dazu alle entsprechenden Absätze und klicken Sie auf die Schaltfläche TABELLE, Register EINFÜGEN. Öffnen Sie das Dialogfenster TEXT IN TABELLE UMWANDELN. Wählen Sie das verwendete Trennzeichen und kontrollieren Sie die Anzahl der Spalten.

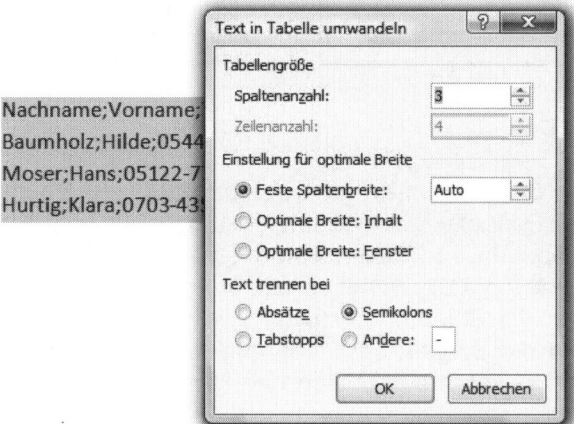

Eingeben in Tabellen

Zur Eingabe positionieren Sie den Cursor in der gewünschten Zelle. Klicken Sie dazu entweder in die Zelle oder verwenden Sie die Tastatur.

Bestell-Nr.¤	Bezeichnung¤	Alter·Preis¤	Sonderpreis¤	¤
10024¤	Gartenbank,·weiß· lackiert,·Modell· „London"¶ Maße:·Breite·250·cm·,· Höhe·160·cm¤	255,00¤	199,00¤	¤
10099¤	Gartenzwerg·„Fridolin"¤	35,90¤	15,60¤	¤

¶

Verwenden Sie zur Eingabe die Tabulator-Taste

- Mit der Tabulator-Taste bewegen Sie den Cursor in die nächste Zelle, mit der Eingabe-Taste fügen Sie innerhalb der Zelle einen neuen Absatz ein.
- Am Ende einer Zeile wandert durch Drücken der Tab-Taste der Cursor automatisch an den Anfang der nächsten Zeile.

Weitere Zeilen anfügen

- Drücken Sie am Ende der letzten Tabellenzeile die Tab-Taste, so wird eine weitere Zeile an die Tabelle angefügt und Sie können mit der Eingabe fortfahren.

- Reicht die Spaltenbreite für den eingegebenen Text nicht aus, so erfolgt innerhalb der Zelle ein automatischer Zeilenumbruch, die Zeilenhöhe wird automatisch angepasst.

Taste	Beschreibung
Tab-Taste	Nächste Zelle rechts
Umschalt+Tab	Nächste Zelle links
Eingabe-Taste	Neuer Absatz innerhalb der Zelle

6.3. Tabellen bearbeiten

Änderungen an einer Tabelle sind jederzeit möglich: Sie können beispielsweise Spaltenbreite und Zeilenhöhe ändern, weitere Spalten und Zeilen nachträglich hinzufügen oder löschen, sowie Zellen miteinander verbinden oder teilen. Die benötigten Schaltflächen finden Sie im Register LAYOUT.

Das Register LAYOUT zur Tabellen-bearbeitung

Markieren

Zum Markieren von Tabellenelementen können Sie neben den bekannten Methoden auch folgende Möglichkeiten verwenden:

Markierung	So gehen Sie vor:	Mauszeiger
Eine Zeile	Klicken Sie links neben die Zeile (Markierungsspalte).	
Eine Spalte	Zeigen Sie mit der Maus auf den oberen Rand einer Spalte, und klicken Sie, wenn der Mauszeiger als Pfeil erscheint.	
Eine Zelle	Zeigen Sie mit der Maus in die linke untere Ecke der Zelle und klicken Sie, wenn ein diagonaler Pfeil erscheint.	
Gesamte Tabelle	Sobald Sie die Maus über eine Tabelle bewegen, erscheint in der linken oberen Ecke der Tabelle ein kleines Kästchen. Klicken Sie in das Kästchen, um die Tabelle zu markieren.	

Auswählen

Eine weitere Möglichkeit finden Sie im Register LAYOUT. Klicken Sie dazu in der Tabelle in eine beliebige Zelle der Zeile oder Spalte die Sie markieren wollen und öffnen Sie in der Gruppe TABELLE das Listenfeld AUSWÄHLEN.

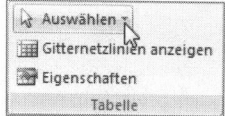

Spaltenbreite und Zeilenhöhe

Mit der Maus verschieben

Spaltenbreite und Zeilenhöhe lassen sich am einfachsten durch Verschieben mit der Maus ändern. So gehen Sie beim Ändern der Spaltenbreite vor:

1. Zeigen Sie mit der Maus auf eine Trennlinie zwischen zwei Spalten, bis als Mauszeiger ein Doppelpfeil sichtbar wird.

Maße im Lineal anzeigen

2. Drücken Sie nun die linke Maustaste und verschieben Sie mit gedrückter Maustaste die Linie nach links oder rechts. Bei gleichzeitig gedrückter Alt-Taste werden im Lineal auch die Maße sichtbar.

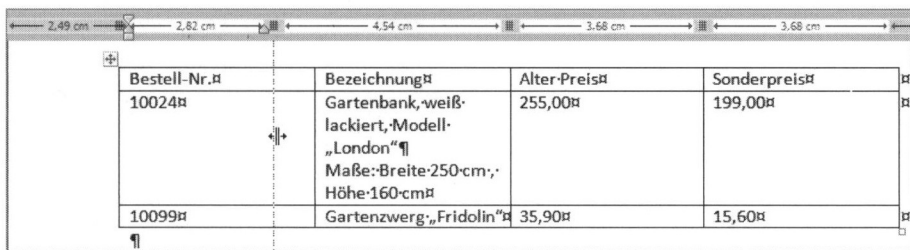

Solange Sie die Trennlinien innerhalb der Tabelle verschieben, bleibt die Breite der gesamten Tabelle unverändert, mit den beiden Linien links und rechts außen können Sie dagegen die Breite der gesamten Tabelle ändern. Die Höhe der Zeilen ändern Sie genauso. Beachten Sie aber, dass Sie immer die Linie unterhalb einer Zeile verschieben müssen.

Haben Sie beim Ändern von Spaltenbreite und Zeilenhöhe eine oder mehrere Zellen markiert, so beziehen sich die Änderungen nur auf diesen Zellbereich.

Genaue Maße definieren

Benötigen Sie exakte Maße für die Tabelle, dann verwenden Sie die Felder der Gruppe ZELLENGRÖßE, Register LAYOUT um die Größe der aktuellen Zeile oder Spalte festzulegen.

Automatisches Anpassen der Spaltenbreiten

Die Schaltfläche AUTOANPASSEN bietet drei Möglichkeiten, die Spaltenbreite automatisch anzupassen:

Inhalt anpassen	Passt die Spaltenbreite automatisch an den Inhalt der Spalte an.
Fenster anpassen	Passt die Breite der gesamten Tabelle an die Breite des Fensters an. Diese Möglichkeit sollte nur für die Erstellung von Webseiten verwendet werden.
Feste Spaltenbreite	Damit können Sie die Spaltenbreite beliebig festlegen.

Tabelleneigenschaften

Register LAYOUT

Spaltenbreite und Zeilenhöhe, sowie Größe und Ausrichtung der gesamten Tabelle lassen sich auch über das Dialogfenster TABELLENEIGENSCHAFTEN ändern. Klicken Sie dazu im Register LAYOUT, Gruppe TABELLE auf die Schaltfläche EIGENSCHAFTEN. Hier können Sie über die jeweiligen Register sowohl die Eigenschaften der gesamten Tabelle, als auch die Eigenschaften von Zeilen und Spalten festlegen.

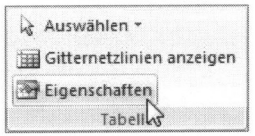

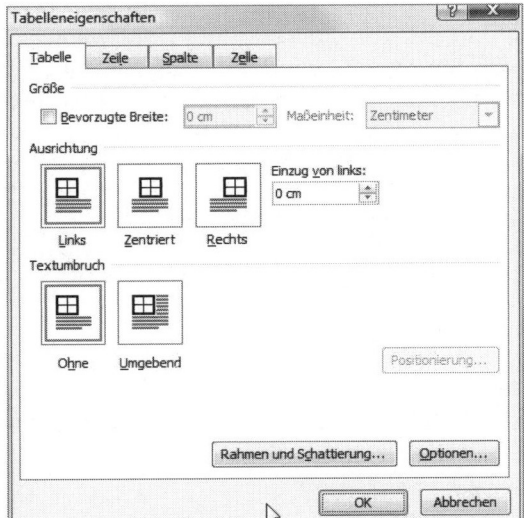

Tabelleneigenschaften

Der **Textumbruch** steuert die Anordnung des übrigen Textes im Dokument. Ohne Textumbruch befindet sich der Text oberhalb und unterhalb der Tabelle, umgebend bedeutet, der Text fließt um die Tabelle herum. Mit dieser Einstellung kann nun über die Schaltfläche POSITIONIERUNG die genaue Position festgelegt werden.

Sie können die Tabelle aber auch mit der Maus verschieben: zeigen Sie in das Kästchen der linken oberen Ecke, und ziehen Sie die Tabelle mit gedrückter Maustaste an die gewünschte Position.

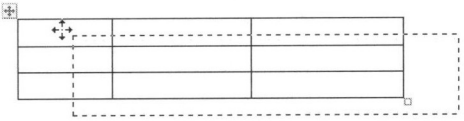

Tabelle verschieben

Zeilen und Spalten hinzufügen und löschen

Einfügen

Klicken Sie dazu in die Tabelle und wählen Sie das Register LAYOUT, Gruppe ZEILEN UND SPALTEN. Mit den Schaltflächen können Sie eine weitere Spalte entweder rechts oder links neben der Spalte einfügen, in der sich der Cursor gerade befindet. Genauso fügen Sie auch Zeilen entweder oberhalb oder unterhalb der aktuellen Zeile ein.

Wenn Sie nachträglich eine Spalte einfügen, dann erhält diese Spalte automatisch das Format der Spalte, in der sich der Cursor gerade befindet. Gleiches gilt auch für das Einfügen von Zeilen.

Format übernehmen

Register LAYOUT

Löschen

Zum Löschen von ganzen Zeilen genügt es, wenn sich der Cursor in der Zeile befindet. Wählen Sie nach einem Mausklick auf die Schaltfläche LÖSCHEN, Gruppe ZEILEN UND SPALTEN, das gewünschte Element aus. Hier finden Sie auch den Befehl zum Löschen der gesamten Tabelle.

Tabellenzeile mit der Korrekturtaste löschen

> Eine Tabellenzeile können Sie auch schnell mit der Korrekturtaste löschen, dazu müssen Sie aber die gesamte Zeile markieren.

Zellen teilen und verbinden

Sie können auch nebeneinanderliegende Zellen verbinden, beispielsweise wenn Sie für mehrere Spalten eine gemeinsame Überschrift benötigen. Markieren Sie dazu die Zellen und klicken Sie im Register LAYOUT, Gruppe ZUSAMMENFÜHREN auf die Schaltfläche ZELLEN VERBINDEN.

Mit der Schaltfläche ZELLE TEILEN können Sie dagegen eine Zelle in mehrere Zellen aufteilen. Geben Sie die benötigte Anzahl Zeilen oder Spalten an.

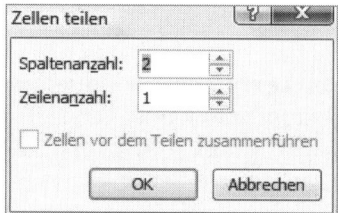

Gitternetzlinien anzeigen

Blenden Sie die Gitternetzlinien ein.

Standardmäßig erhält eine Tabelle beim Einfügen gleichzeitig Rahmenlinien. Diese Rahmen erscheinen auch auf dem Ausdruck. Sie können jedoch eine Tabelle auch ohne Rahmenlinien drucken, dies legen Sie über die Formatierung fest. Unabhängig davon können Sie auf dem Bildschirm ein Gitternetz einblenden. Dieses Gitternetz erscheint nicht auf dem Ausdruck, leistet aber nützliche Dienste, wenn Sie mit der Maus Spaltenbreite und Zeilenhöhe durch Verschieben ändern wollen. Benutzen Sie dazu im Register LAYOUT, Gruppe TABELLE die Schaltfläche GITTERNETZLINIEN ANZEIGEN.

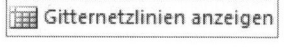 

Tabelle sortieren

Register LAYOUT, Gruppe DATEN

Tabelleninhalte lassen sich schnell in alphabetischer oder numerischer Reihenfolge sortieren. Klicken Sie dazu in eine beliebige Zelle der Tabelle oder markieren Sie die gesamte Tabelle und klicken Sie in der Gruppe DATEN auf die Schaltfläche SORTIEREN.

1. Legen Sie zunächst unter LISTE enthält fest, ob die erste Zeile Ihrer Tabelle Überschriften enthält, die nicht mit sortiert werden sollen.
2. Wählen Sie dann unter SORTIEREN NACH die gewünschten Sortierkriterien (maximal drei) und legen Sie die Sortierreihenfolge aufsteigend oder absteigend fest.
3. Der Typ, Text, Zahl oder Datum richtet sich nach dem Inhalt der Spalte und wird von Word normalerweise automatisch erkannt.

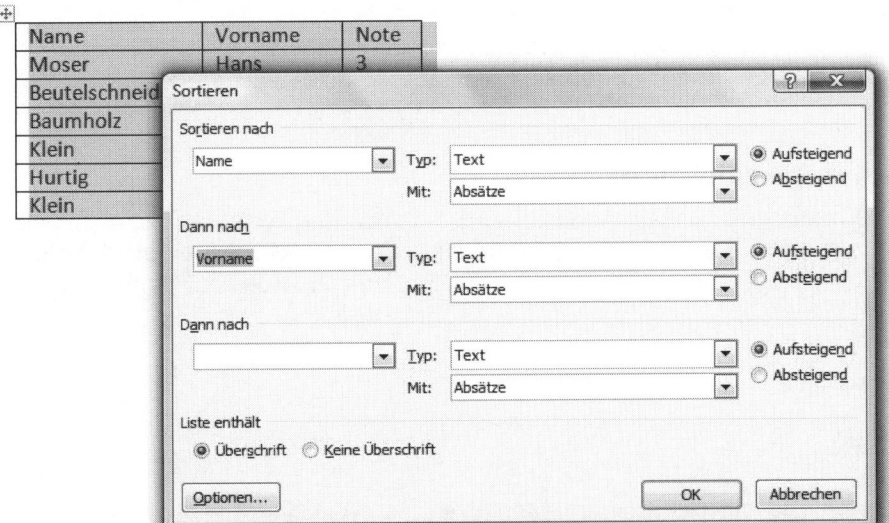

Tabelle sortieren

Neben der Sortierung bietet die Gruppe DATEN, Register LAYOUT noch weitere nützliche Optionen an:

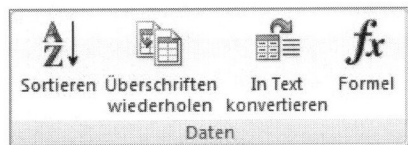

- Erstreckt sich Ihre Tabelle über mehrere Druckseiten, so veranlassen Sie mit der Schaltfläche ÜBERSCHRIFTEN WIEDERHOLEN, dass die Spaltenüberschriften auf jeder Seite gedruckt werden.

Spaltenüberschriften auf jeder Druckseite wiederholen

- Mit der Schaltfläche IN TEXT KONVERTIEREN wandeln Sie eine Tabelle nachträglich in normalen Text um. Legen Sie die gewünschten Trennzeichen, Absätze Tabstopps oder Semikolons(;) fest.

6.4. Tabelle formatieren

Zum Formatieren von Tabellen können Sie alle Formatierungsmöglichkeiten von Word verwenden. Dazu kommen noch einige Besonderheiten der Tabellenformatierung.

Tabellen schnell mit Vorlagen formatieren

Vorlagen verwenden

Am schnellsten formatieren Sie eine Tabelle mit Hilfe der Autoformate im Register ENTWURF. Mit einem Mausklick auf den Pfeil öffnen Sie in der Gruppe TABELLEN-FORMATVORLAGEN eine Auswahl verschiedener Vorlagen.

In der Gruppe OPTIONEN FÜR TABELLENFORMAT können Sie wählen, ob aus der gewählten Vorlage auch Formate, beispielsweise für Überschriftzeilen, erste oder letzte Spalte übernommen werden sollen.

Rahmenlinien zeichnen

Bei der Formatierung mit Rahmenlinien und Schattierung verfahren Sie in Tabellen genauso, wie in Lektion 4 bereits beschrieben. Eine zusätzliche Möglichkeit steht Ihnen mit der Gruppe RAHMENLINIE ZEICHNEN, Register ENTWURF zur Verfügung.

1. Wählen Sie Linienart, Linienbreite und Linienfarbe aus.

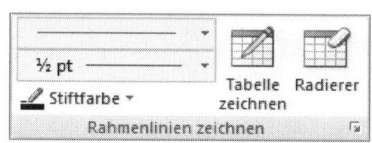

2. Zeichnen Sie mit gedrückter Maustaste Linien in der Tabelle.

Ausrichtung

Vertikale Ausrichtung festlegen

Neben den Möglichkeiten der horizontalen Ausrichtung können Sie in einer Tabelle die Inhalte auch noch vertikal ausrichten, beispielsweise vertikal zentrieren. Klicken Sie dazu im Register Layout, Gruppe AUSRICHTUNG auf das entsprechende Symbol. Mit der Schaltfläche TEXTRICHTUNG werden die Zeichen senkrecht gedreht.

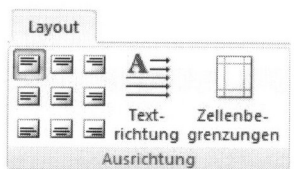

	Meier	Grübig	Brösel
Montag	x	x	
Dienstag		x	x
Mittwoch		x	x
Donnerstag	x		x
Freitag	x		

6.5.   Zusammenfassung

- Mit Tabstopps lassen sich während der Eingabe schnell Texte in Spalten untereinander ausrichten. Word verfügt dazu über linksbündige Standardtabstopps im Abstand von je 1,25 cm, die Sie mit der Tabulatortaste anspringen. Wie alle anderen nicht druckbaren Zeichen, beispielsweise Absatzende oder Leerzeichen können auch Tabulatorzeichen sichtbar gemacht, bzw. wieder gelöscht werden.

- Sie können mit Hilfe des Lineals eigene Tabstopps mit unterschiedlichen Ausrichtungen festlegen und die Abstände bis zum nächsten Tabstopp mit Füllzeichen auffüllen lassen. Tabstopps beziehen sich immer auf Absätze, so dass Sie beim nachträglichen Verschieben darauf achten müssen, alle Absätze zu markieren.

- Tabellen haben gegenüber Tabstopps viele Vorteile. Sie können die Spaltenbreiten und Zeilenhöhe nachträglich problemlos ändern, einzelne Spalten schnell markieren und die horizontale und vertikale Ausrichtung ändern. Neben den allgemeinen Formatierungsmöglichkeiten von Word können Sie Rahmenlinien zeichnen oder verschiedene integrierte Formatvorlagen verwenden.

- Eine Tabelle können Sie entweder einfügen, zeichnen oder bestehenden Text nachträglich in eine Tabelle umwandeln. Bei der Eingabe verwenden Sie die Tabulatortaste: damit gelangen Sie nicht nur zur nächsten Zelle, sondern fügen während der Eingabe weitere Zeilen an die Tabelle an. Innerhalb einer Zelle erfolgt ein automatischer Zeilenumbruch, bzw. haben Sie auch die Möglichkeit mit der Eingabe-Taste einen neuen Absatz zu beginnen.

6.6. Übung

Aufgabe 1

Öffnen Sie ein neues, leeres Dokument und speichern Sie das Dokument unter dem Namen Tagungsprogramm. Fügen Sie eine Tabelle ein, die Sie entsprechend der Abbildung gestalten. Beachten Sie die folgenden Vorgaben:

Übung

- Die erste Zeile, sowie die Zeile Mittagspause erhalten beliebige Zeilenhöhe, alle übrigen Zeilen erhalten eine einheitliche Zeilenhöhe von 1,4 cm.

- Alle Zellinhalte werden vertikal zentriert.

Tagungsprogramm

Montag	Dienstag	Mittwoch
9:00 – 11:00 Begrüßung und Vorstellung	9:00 – 9:45 Fachvortrag Dr. Hackebeil „Richtiges Holzhacken"	9:00 – 12.00 Kurse und Workshops
11:15 – 12:30 Fachvortrag Prof. Dr. Brösig	10:00 – 12:30 Kurse und Workshops	12:00 – 13:00 Abschlußvortrag
12:30 – 13:30 Mittagspause		
13:30 – 16:00 Kurse und Workshops	13:30 – 15:00 Diskussion	
	15:00 – 18:00 Fachausstellung	
20:00 – 22:00 Infoabend	18:00 – 21:15 Infoabend	

Lösungshinweise

- Beginnen Sie mit dem Einfügen einer Tabelle, bestehend aus drei Spalten und ein oder zwei Zeilen. Verwenden Sie Spaltenbreite Automatisch, damit erhalten bereits alle Spalten die gleiche Breite.

- Geben Sie anschließend die Inhalte ein.

- Markieren Sie nun alle Zeilen ab der zweiten Zeile und legen Sie als Zeilenhöhe 1,4 cm fest.

- Jetzt verbinden Sie die Zellen für die Mittagspause, sowie die beiden Zellen in der ersten Spalte und ändern die Zeilenhöhe für die erste und vierte Zeile. Formatieren Sie noch diese beiden Zeilen mit grauer Schattierung.

- Zuletzt aktivieren Sie den Radierer und radieren die Linien in der rechten unteren Ecke.

Bemerkungen:

_____

_____

_____

Übung

Aufgabe 2

Erstellen Sie ein weiteres neues Dokument und speichern Sie das Dokument unter dem Namen Preisliste-1.

Fügen Sie eine Tabelle ein, die Sie entsprechend der Abbildung unten gestalten. Mit Ausnahme der beiden ersten Spalten erhalten alle anderen Spalten die gleiche Breite.

Preisliste

		Bodenbeläge Preise pro m^2					
		Parkett			Laminat		
		3,5 mm	5 mm	6 mm	2 mm	2,5 mm	3 mm
Landhaus	Buche						
	Birke						
	Ahorn						
	Eiche						
	Esche						
	Kirsche						
Schiffsboden	Walnuss						
	Eiche						
	Buche						
	Birke						
	Kiefer						
	Fichte						

Lösungshinweise

- Auch hier beginnen Sie am einfachsten mit dem Einfügen einer Tabelle mit 8 Spalten und einigen Zeilen. Anschließend geben Sie die Inhalte ein.

- Bevor Sie Zellen verbinden, sollten Sie die letzten 6 Spalten mit einheitlicher Spaltenbreite formatieren und die Breite für Spalte eins und zwei festlegen.

- Verbinden Sie dann in der ersten Spalte die Zellen und ändern die Textrichtung in senkrecht, ebenso verbinden Sie die Zellen der Überschriftzeilen.

- Radieren Sie die Linien in der linken oberen Ecke und formatieren Sie die übrige Tabelle mit doppelten und gestrichelten Linien, in diesem Fall am einfachsten durch Zeichnen.

- Formatieren Sie nun noch die Tabelle mit Schattierung.

Bemerkungen:

_____

_____

_____

Aufgabe 3

Erstellen Sie ein neues Dokument, das Sie unter dem Namen Preisliste-2 speichern. Geben Sie eine Preisliste nach dem folgenden Muster ein:

Übung

Büroklammern, farbig 100 St. 1,99
Rotstifte 1,20
Papierkorb, Edelstahl... 31,50
Drehstuhl.. 129,00

Lösungshinweise

Achten Sie beim Setzen des Tabstopps darauf, dass sich der Cursor im richtigen
Absatz befindet.

- Mit einem Doppelklick auf das Lineal an der gewünschten Position öffnen Sie
  das Dialogfenster TABSTOPPS.

- Wählen Sie als Ausrichtung rechtsbündig oder dezimal, legen Sie Punkte als
  Füllzeichen fest und bestätigen Sie mit OK.

- Nun können Sie mit der Eingabe beginnen, nach dem Drücken der Tabulator-
  Taste erscheinen die Füllzeichen. Durch Drücken der Eingabe-Taste übernehmen Sie den Tabstopp auch in die nachfolgenden Absätze.

- Wenn Sie nach Eingabe der Liste den Tabstopp nicht mehr benötigen, dann
  ziehen Sie die Tabstoppmarke aus dem Lineal heraus nach unten. Achten Sie
  auch hier wieder darauf, dass sich der Cursor im richtigen Absatz befindet.

Bemerkungen:

7. Grafik und Zeichnungsobjekte einfügen

In dieser Lektion lernen Sie...

- ClipArt und Bilder in ein Word-Dokument einfügen
- Grafik im Text platzieren
- Arbeiten mit Textfeldern und Zeichnungselementen

Was Sie für diese Lektion wissen sollten:

- Text eingeben und bearbeiten
- Zeichen- und Absatzformate

Sie können in ein Word-Dokument verschiedene Arten von Grafikobjekten einfügen. Dazu gehören beispielsweise Fotos, Grafiken oder verschiedene Zeichnungselemente. Sobald Sie ein Grafikobjekt eingefügt und markiert haben, stehen Ihnen weitere Register zur Bearbeitung zur Verfügung. Bei der Positionierung unterscheidet Word nicht zwischen den verschiedenen Objektarten, so dass Sie diese Methoden auf alle Objekte anwenden können. Die benötigen Schaltflächen finden Sie im Register EINFÜGEN.

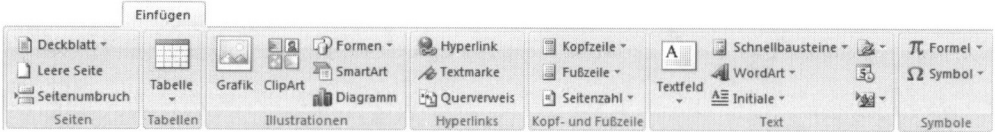

7.1. Grafik einfügen

Bilder aus Datei einfügen

Bilder als Datei gespeichert

Verwenden Sie die Schaltfläche GRAFIK, Register EINFÜGEN, Gruppe ILLUSTRATIONEN, wenn Sie Bilder in ein Dokument einfügen wollen, die als Datei auf der Festplatte Ihres Computers gespeichert sind. Dies können Fotos oder beliebige Grafikdateien sein. Das Dialogfenster GRAFIK EINFÜGEN wird geöffnet, je nach Betriebssystem wird zunächst entweder der Inhalt des Ordner BILDER (Windows Vista) oder EIGENE BILDER (Windows XP) angezeigt.

Wählen Sie zuerst den Ordner, in dem sich die Grafik befindet, markieren Sie die gewünschte Grafik und klicken Sie dann auf die Schaltfläche EINFÜGEN. Die Grafik wird an der Cursorposition in das Dokument eingefügt.

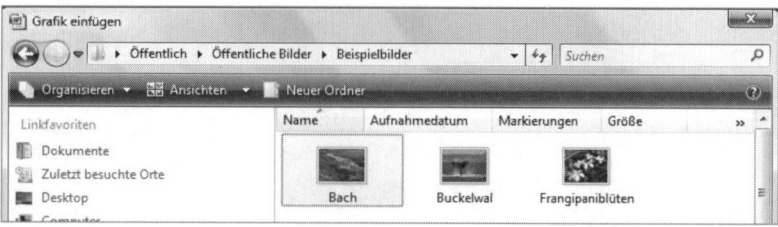

ClipArt einfügen

Mit den ClipArts können Sie für die Gestaltung von Dokumenten auf eine Sammlung integrierter Grafiken zurückgreifen, zusätzlich zu den bereits auf Ihrer Festplatte installierten ClipArts sind weitere über das Internet verfügbar.

- Klicken Sie zum Einfügen im Register EINFÜGEN,
  Gruppe ILLUSTRATIONEN auf die Schaltfläche
  CLIPART. Damit öffnet Word einen Aufgabenbe-
  reich am rechten Bildschirmrand.

- Geben Sie im Feld SUCHEN NACH einen oder
  auch mehrere Suchbegriffe ein.

- Unter SUCHEN IN legen Sie fest, wo gesucht werden soll.

- Im Listenfeld ERGEBNISSE können Sie festlegen,
  nach welchem Typ gesucht werden soll, beispielsweise ClipArt-Grafik, Fotos oder Filme.

- Klicken Sie dann auf die Schaltfläche OK, um
  die Suche zu starten.

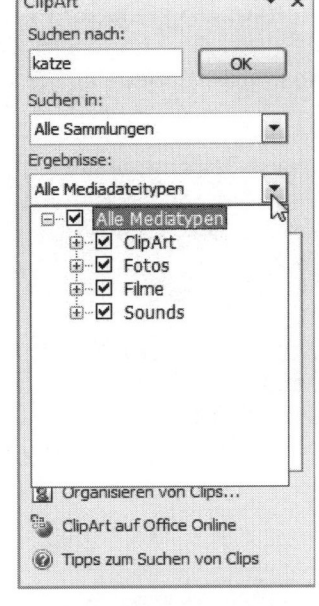

Die Suchergebnisse werden als Vorschau angezeigt. Mit
einem Mausklick in das Bild wird die gewünschte Grafik
an der Cursorposition im Dokument eingefügt.

7.2. Grafik bearbeiten

Grafik markieren

Vor der weiteren Bearbeitung müssen Sie
eine Grafik markieren, dazu genügt ein
Mausklick in das Bild. Eine markierte
Grafik erkennen Sie an den Markierungs-
punkten in den Ecken und der Mitte jeder
Seite.

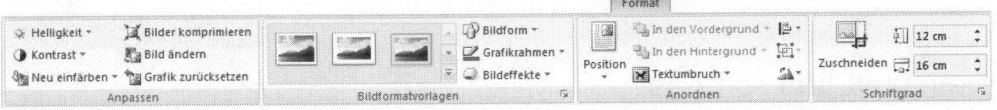

Die markierte Grafik
bearbeiten

Sobald Sie eine Grafik markiert haben, steht Ihnen auch das Register BILDTOOLS-
FORMAT zur weiteren Bearbeitung der Grafik zur Verfügung.

Größe ändern

Die Größe der markierten Grafik ändern Sie am einfachsten mit der Maus. Sobald Sie auf einen der Eckpunkte zeigen, erscheint ein Doppelpfeil und Sie können mit gedrückter linker Maustaste die Grafik in die gewünschte Größe ziehen.

Weitere Möglichkeiten bietet das Register BILDTOOLS – FORMAT, Gruppe SCHRIFTGRAD. Klicken Sie auf die Pfeile, um die genaue Breite oder Höhe in cm anzugeben.

Achten Sie darauf, dass das Seitenverhältnis beibehalten wird.

> Wenn Sie ausschließlich die Eckpunkte verwenden, dann wird das ursprüngliche Seitenverhältnis beibehalten. Die Markierungspunkte in der Mitte einer Seite lassen dagegen nur horizontale oder vertikale Änderungen zu, das Bild wird dadurch verzerrt.

Bildbereiche zuschneiden

Wollen Sie das Bild nicht verkleinern, sondern einen Teil des Bildes abschneiden, dann verwenden Sie dazu die Schaltfläche ZUSCHNEIDEN. Der Mauszeiger nimmt die Form einer Schere an und Sie können mit gedrückter Maustaste das Bild an den gekennzeichneten Stellen zuschneiden.

Größe ändern

Zuschneiden

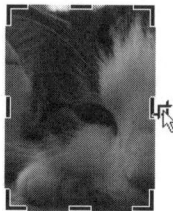

SCHRIFTRAD

Alle Möglichkeiten der Größenänderung fasst das Dialogfenster GRÖSSE zusammen, das Sie mit einem Mausklick auf das Pfeilsymbol der Gruppe SCHRIFTGRAD öffnen.

- Unter SKALIERUNG können Sie auch eine prozentuale Größenänderung angeben.

- Das Kontrollkästchen ANSICHTSVERHÄLTNIS SPERREN sorgt dafür, dass dabei das ursprüngliche Verhältnis Breite zu Höhe beibehalten wird.

- Die Schaltfläche ZURÜCKSETZEN nimmt alle Änderungen zurück, die Grafik erhält wieder die Originalgröße.

Helligkeit und Kontrast

Das Register BILDTOOLS – FORMAT enthält in der Gruppe ANPASSEN mehrere Befehlsschaltflächen, über die das markierte Bild noch weiter bearbeitet werden kann. So können Sie über Schaltflächen Helligkeit und Kontrast des Bildes ändern, die Schaltfläche NEU EINFÄRBEN erlaubt nicht nur eine Änderung der Farben, sondern auch helle Varianten, die sich besonders für Bilder im Texthintergrund eignen.

Die Gruppe BILDFORMATVORLAGEN (Register BILDTOOLS – FORMAT) bietet Ihnen auch verschiedene Vorlagen zur Gestaltung eingefügter Bilder an. Damit können Sie ein Bild mit Schatteneffekten oder Rahmen versehen. Die Schaltfläche BILDFORM erlaubt auch noch andere Darstellungsformen, beispielsweise kreisförmig.

Bilder mit Schatten- und Rahmeneffekten versehen

7.3. Grafik positionieren

Bild verschieben

Zum Verschieben des Bildes an eine andere Stelle des Dokuments zeigen Sie mit der Maus in das Bild. Am Mauszeiger werden vier Richtungspfeile sichtbar und Sie können nun mit gedrückter linker Maustaste das Bild im Text verschieben. Sie können aber auch das Bild mit der Schaltfläche oder der Tastenkombination Strg+X in die Zwischenablage ausschneiden und an anderer Stelle entweder mit der Schaltfläche oder den Tasten Strg+V wieder einfügen.

Verschieben

Textumbruch

Standardmäßig behandelt Word ein Bild wie normalen Text. Das Bild wird an der Cursorposition eingefügt und gehört zu einem Absatz. Damit erhält es auch automatisch dessen Einzug und Ausrichtung, beispielsweise linksbündig oder zentriert, der Zeilenabstand vergrößert sich entsprechend der Bildgröße.

Mit dem Textumbruch steuern Sie die Anordnung von Text und Grafik im Dokument. Ein Klick auf die Schaltfläche TEXTUMBRUCH in der Gruppe ANORDNEN (Register BILDTOOLS – FORMAT) öffnet ein Auswahlfeld mit verschiedenen Umbrucharten.

Die Grafik im Text positionieren

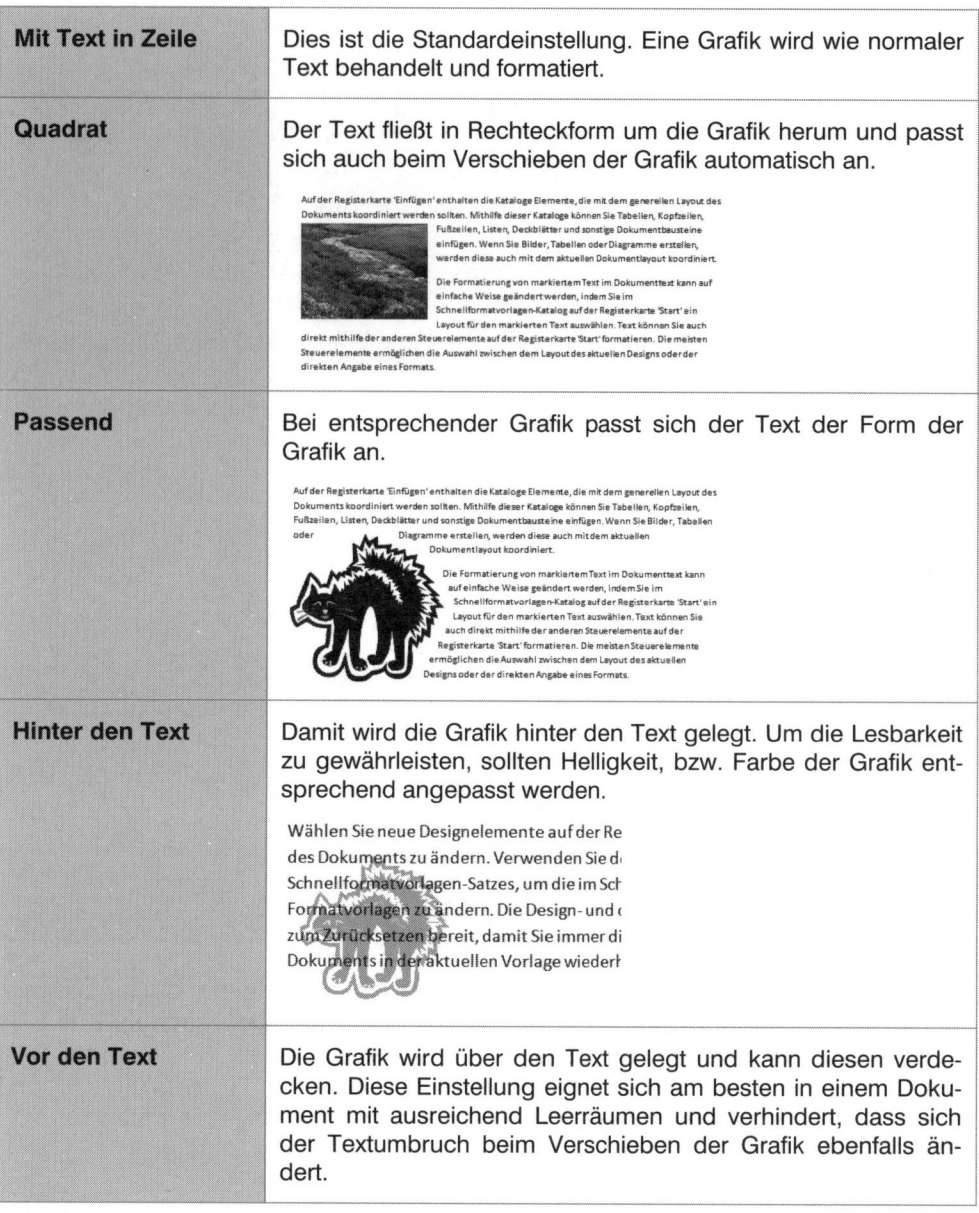

Mit Text in Zeile	Dies ist die Standardeinstellung. Eine Grafik wird wie normaler Text behandelt und formatiert.
Quadrat	Der Text fließt in Rechteckform um die Grafik herum und passt sich auch beim Verschieben der Grafik automatisch an.
Passend	Bei entsprechender Grafik passt sich der Text der Form der Grafik an.
Hinter den Text	Damit wird die Grafik hinter den Text gelegt. Um die Lesbarkeit zu gewährleisten, sollten Helligkeit, bzw. Farbe der Grafik entsprechend angepasst werden.
Vor den Text	Die Grafik wird über den Text gelegt und kann diesen verdecken. Diese Einstellung eignet sich am besten in einem Dokument mit ausreichend Leerräumen und verhindert, dass sich der Textumbruch beim Verschieben der Grafik ebenfalls ändert.

Mit der Befehlsschaltfläche WEITERE LAYOUTOPTIONEN… öffnen Sie das Dialogfenster ERWEITERTES LAYOUT. Wenn Sie eine andere Umbruchart als MIT TEXT IN ZEILE festgelegt haben, dann können Sie unter TEXTFLUSS auch noch steuern, auf welcher Seite der Text die Grafik umfließen soll.

Genaue Bildposition festlegen

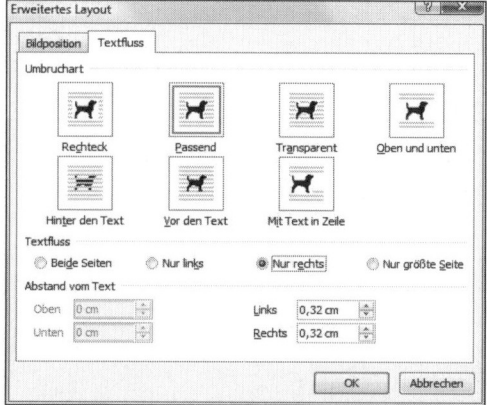

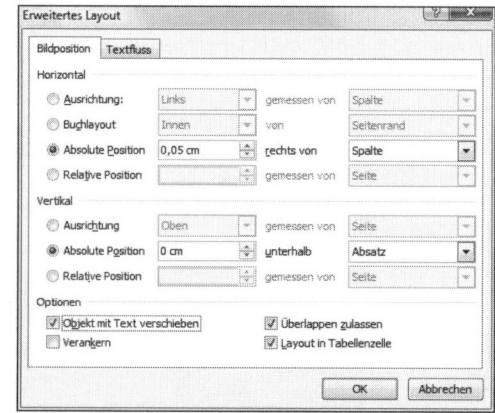

Das Register BILDPOSITION erlaubt noch genauere Einstellungen für die Positionierung der Grafik im Text, sowie weitere OPTIONEN:

Grafik mit Absatz verbinden

- Wenn Sie das Kontrollkästchen OBJEKT MIT TEXT VERSCHIEBEN aktivieren, so wird bei nachträglichen Änderungen am Text die Grafik immer zusammen mit dem Absatz verschoben, in den sie eingefügt wurde. Sie können aber jederzeit die Zugehörigkeit zu einem Absatz durch Verschieben der Grafik ändern.

- Haben Sie dagegen das Kontrollkästchen VERANKERN aktiviert, so bleibt die Grafik fest mit diesem Absatz verbunden.

Bild drehen

Der grüne Punkt über dem markierten Bild dient dazu, das Bild frei zu drehen. Sobald Sie auf den Punkt zeigen, erscheint der Mauszeiger als Drehpfeil. Mit gedrückter linker Maustaste kann das Bild nun beliebig gedreht werden.

7.4. Zeichnungselemente

Zeichnungselemente einfügen

Im Register EINFÜGEN, Gruppe ILLUSTRATIONEN finden Sie die Befehlsschaltfläche FORMEN. Damit können Sie verschiedene Zeichnungselemente in ein Dokument einfügen, bearbeiten und formatieren. Mit einem Mausklick auf die Schaltfläche öffnen Sie ein Auswahlfeld.

Zeichnungselemente einfügen

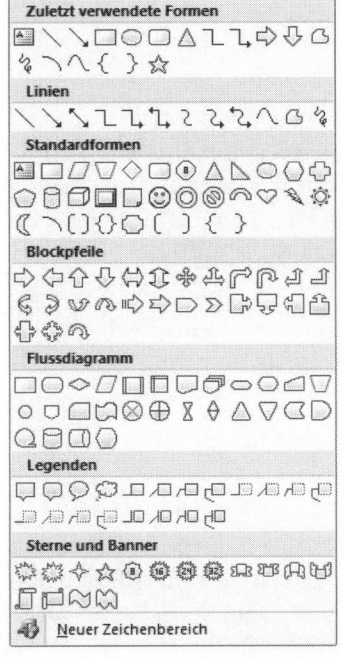

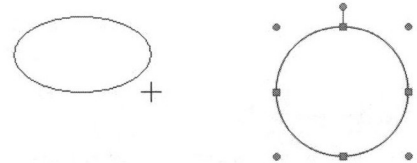

3. Zum Einfügen klicken Sie auf das gewünschte Element, im Dokument nimmt der Mauszeiger die Form eines Fadenkreuzes an.

4. Klicken Sie nun mit der Maus an die gewünschte Stelle des Dokuments, damit wird das Zeichnungsobjekt in der Standardgröße und –form eingefügt.

Sie können ein Objekt aber auch beim Einfügen in beliebiger Größe zeichnen. Dazu beginnen Sie an einem der Eckpunkte, drücken die linke Maustaste und ziehen mit gedrückter Maustaste in diagonaler Richtung, bis das Objekt die gewünschte Größe und Form hat.

Kreis zeichnen mit gedrückter Umschalt-Taste

Möchten Sie statt einer Ellipse einen exakten Kreis zeichnen, dann halten Sie zusätzlich während des Zeichnens die Umschalt-Taste der Tastatur gedrückt. Gleiches gilt auch, wenn Sie anstelle eines Rechtecks mit beliebigen Proportionen ein Quadrat zeichnen wollen.

Größe und Position eines Zeichnungsobjektes können Sie jederzeit ändern:
Dazu müssen Sie das Objekt zuerst mit einem Mausklick markieren. Am markierten Objekt werden Markierungs- oder Ziehpunkte sichtbar.

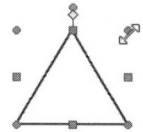

Der Mauszeiger erscheint als Doppelpfeil, sobald Sie auf einen der Punkte zeigen. Zum Ändern der Größe ziehen Sie einfach mit gedrückter Maustaste in die gewünschte Richtung.

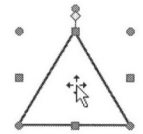

Zeigen Sie dagegen direkt in das Element, so erscheinen am Mauszeiger vier Richtungspfeile und Sie können das Element mit gedrückter Maustaste an eine beliebige Position verschieben.

Sobald Sie ein Zeichnungselement markiert haben, steht Ihnen das Register ZEICHENTOOLS – FORMAT zur weiteren Bearbeitung zur Verfügung.

Text hinzufügen

Text hinzufügen / bearbeiten

Die meisten Zeichnungselemente können Sie auch mit einer Beschriftung versehen. Markieren Sie dazu das Element und klicken Sie im Register BILDTOOLS - FORMAT, Gruppe FORMEN EINFÜGEN auf die Schaltfläche TEXT BEARBEITEN. Der Cursor erscheint innerhalb des Objekts und Sie können nun Text eingeben.

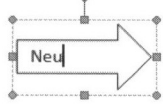

Zeichnungsobjekte formatieren

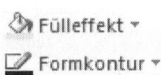

Mit den Schaltflächen FÜLLEFFEKT und FORMKONTUR (Register BILDTOOLS – FORMAT) weisen Sie dem markierten Zeichnungselement Füllfarbe, bzw. Fülleffekte und Rahmen zu. Weitere Formatierungsmöglichkeiten finden Sie im Register BILDTOOLS – FORMAT in den Gruppen SCHATTENEFFEKTE und 3D-EFFEKTE.

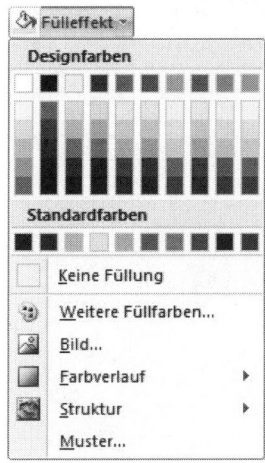 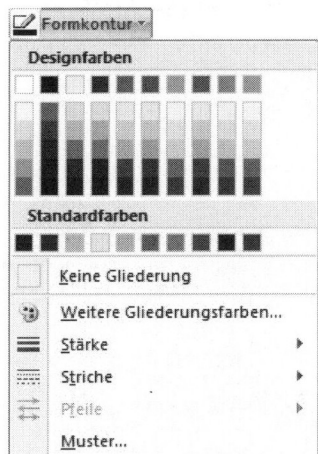

Textfelder

Mit Hilfe von Textfeldern können Sie Texte an beliebigen Stellen eines Dokuments platzieren. Zum Einfügen eines Textfelds klicken Sie im Register EINFÜGEN, Gruppe TEXT auf die Schaltfläche TEXTFELD. Word öffnet eine Liste mit verschiedenen Standardformen, durch Anklicken wird das Textfeld automatisch im Text an der entsprechenden Position eingefügt, Sie brauchen nur noch den Text hinzufügen. Textfelder können Sie wie Zeichnungselemente verschieben, bzw. vergrößern und verkleinern. Innerhalb eines Textfeldes können Sie alle Formatierungen, sowie Tabellen verwenden.

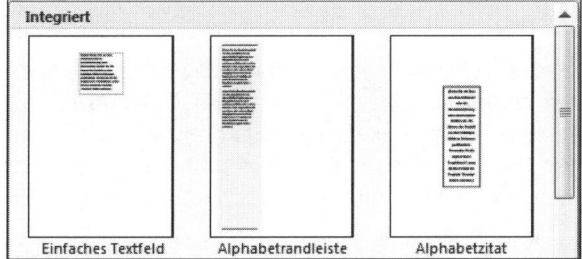

Hier als Beispiel ein einfaches Textfeld: mit der Schaltfläche Textumbruch können Sie vorhandenen Text um ein Textfeld herum fließen lassen.

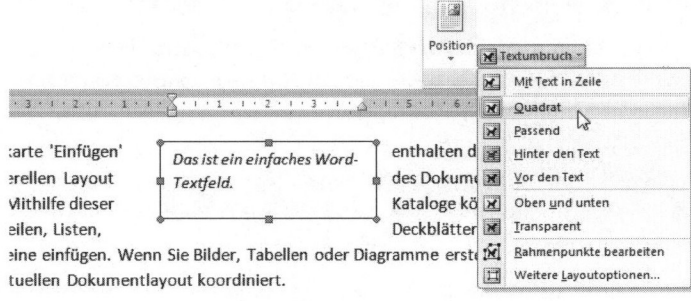

WordArt

Besondere Schrifteffekte stehen in Form von WordArt-Objekten zur Verfügung. Beachten Sie aber, dass sich diese Effekte nur für kurze Texte eignen. Zum Einfügen positionieren Sie den Cursor an der gewünschten Stelle im Dokument oder markieren bereits vorhandenen Text und öffnen im Register EINFÜGEN mit einem Mausklick auf die Schaltfläche WordArt eine Liste mit verschiedenen Formaten.

Klicken Sie auf das gewünschte Format und geben Sie anschließend Ihrem Text ein. Haben Sie zuvor einen bereits bestehenden Text markiert, so erscheint hier der markierte Text.

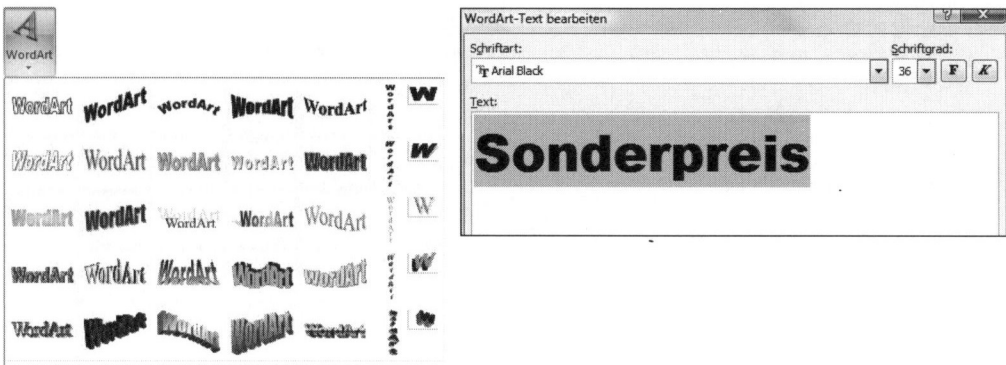

Nachdem Sie mit der Schaltfläche OK bestätigt haben, können Sie den WordArt-Text wie ein Zeichnungselement oder eine Grafik im Dokument platzieren. Mit dem Register WORDART-TOOLS – FORMAT stehen Werkzeuge zur weiteren Bearbeitung zur Verfügung.

7.5. Zusammenfassung

- Über das Register EINFÜGEN können Sie Grafik und Zeichnungsobjekte in Ihr Dokument einfügen. Sie können dabei Bilder, die bereits als Datei auf Ihrer Festplatte gespeichert sind oder die integrierte ClipArt-Sammlung von Word verwenden. Auch beim Einfügen von Zeichnungselementen können Sie auf eine Vielzahl von Autoformen zurückgreifen, die Sie anschließend nur noch formatieren brauchen.

- Zum Markieren eines Objekts genügt ein Mausklick. Markierte Objekte erkennen Sie an den Punkten. Diese Markierungspunkte können Sie auch verwenden, um mit gedrückter linker Maustaste die Größe zu ändern. Damit das ursprüngliche Seitenverhältnis beibehalten wird, sollten Sie dazu nur die Eckpunkte verwenden. Der grüne Punkt erlaubt freies Drehen mit der Maus.

- Weitere einfache Möglichkeiten der Bearbeitung sind Zuschneiden, sowie Änderungen von Kontrast und Helligkeit. Mit Hilfe integrierter Bildformatvorlagen stehen Ihnen auch noch zusätzlich verschiedene Effekte zur Verfügung.

- Bilder und ClipArt-Grafik werden an der Cursorposition in einen Absatz eingefügt und zunächst wie Text behandelt. Damit Sie eine Grafik im Dokument beliebig platzieren können, müssen Sie über den Textumbruch festlegen, ob der übrige Text beispielsweise um die Grafik herum fließen soll.

- Zeichnungselemente fügen Sie über die Schaltfläche FORMEN in Ihr Dokument ein. Wie Grafiken, so lassen sich auch Zeichnungselemente mit der Maus verkleinern, vergrößern, oder an eine beliebige Position verschieben. Zusätzlich können Zeichnungselemente auch noch mit Füll- und 3D-Effekten versehen werden.

- Textfelder und WordArt-Objekte werden ebenfalls wie Zeichnungselemente behandelt. Mit ihrer Hilfe können Sie Texte verschieben und an beliebiger Stelle des Dokuments platzieren. Während Sie in Textfeldern alle bekannten Formatierungen verwenden können, verfügt Word mit dem WordArt-Katalog über zusätzliche Schrifteffekte.

7.6. Übung

Aufgabe:

- Beginnen Sie mit einem neuen, leeren Dokument und speichern Sie das Dokument unter dem Namen Rezept-Bärlauchnudeln.

- Geben Sie den Text für das nachfolgende Rezept ein und gestalten Sie das Dokument ähnlich der Vorlage.

- Fügen Sie eine ClipArt Grafik ein, die Sie neben den Zutaten platzieren (Suchbegriff „Nudeln"). Am besten eignet sich dafür die Umbruchart VOR DEN TEXT.

- Für die Überschrift verwenden Sie WortArt.

- Den Tipp fügen Sie als Textfeld ein, Umbruchart entweder VOR DEN TEXT oder PASSEND. Den Hintergrund gestalten Sie mit Hilfe der TEXTFELD-FORMATVORLAGEN, Register TEXTFELDTOOLS-FORMAT.

Das Ergebnis könnte etwa so aussehen:

(für 4 Personen)

400g breite Bandnudeln
100g Schwarzwälder Schinken,
1 Bund Bärlauch
100g Creme fraiche
Butter
Salz, Pfeffer

Tipp:
Eventuell noch eine halbe Chilischote zugeben.

Den Schinken würfeln und den Bärlauch waschen, abtropfen lassen und grob hacken. Die Bandnudeln nach Vorschrift kochen und abtropfen lassen. In der Zwischenzeit in einer Pfanne die Butter aufschäumen lassen und den Schinken darin leicht anbraten. Dann den Bärlauch dazugeben und bei geringer Hitze kurz andünsten lassen. Die Creme fraiche unterrühren und kurz aufkochen lassen, mit Salz und Pfeffer abschmecken. Dann die Bandnudeln untermischen und durch schwenken.

Auf vorgewärmten Tellern servieren

Guten Appetit!

8. Textelemente einfügen

In dieser Lektion lernen Sie...

- Kopf- und Fußzeilen
- Schnellbausteine einfügen und verwenden
- Word-Dokumente einfügen
- Datum und Uhrzeit einfügen

Was Sie für diese Lektion wissen sollten:

- Texteingabe und Textformatierung

Häufig werden bei der Textverarbeitung immer wiederkehrende Textelemente, wie beispielsweise Standardfloskeln in Briefen benötigt. Damit Sie diese Texte nicht immer wieder neu eingeben müssen, können Sie diese speichern und später beliebig oft in weitere Dokumente einfügen. In früheren Versionen von Word wurden diese Texte als AutoText bezeichnet, Word 2007 verwendet dafür die Bezeichnung Schnellbausteine. Elemente, die Sie in die Kopf- und Fußzeile einfügen, werden später automatisch auf jeder Seite gedruckt. Dazu gehören beispielsweise die Seitenzahlen, eine Kopf- oder Fußzeile kann aber auch beliebigen Text oder eine Grafik enthalten.

8.1. Schnellbausteine

Schnellbausteine: häufig wiederkehrende Texte

Viele Textverarbeitungsprogramme kennen die Möglichkeit, Texte zu speichern und anschließend beliebig oft in Dokumente einzufügen. Diese gespeicherten Texte werden häufig auch als Textbausteine bezeichnet, Word 2007 verwendet dafür die Bezeichnung Schnellbausteine (früher AutoText). Schnellbausteine können nicht nur reinen Text, sondern auch formatierten Text, Grafiken oder Tabellen enthalten.

Schnellbaustein speichern

1. Um einen neuen Schnellbaustein zu erstellen, geben Sie den Text zunächst in ein beliebiges Dokument ein. Sie können natürlich auch Text aus einem bereits gespeicherten Dokument verwenden.

2. Markieren Sie anschließend den gesamten Textbereich, den Sie als Schnellbaustein speichern wollen und klicken im Register EINFÜGEN, Gruppe TEXT auf die Schaltfläche SCHNELLBAUSTEINE. Word öffnet eine Liste mit bereits vorhandenen Schnellbausteinen, zum Speichern klicken Sie auf AUSWAHL IM SCHNELLBAUSTEIN-KATALOG SPEICHERN.

3. Geben Sie nun einen Namen für den Schnellbaustein ein, standardmäßig verwendet Word dafür die ersten Zeichen des markierten Textes. Sie sollten stattdessen besser einen kürzeren, eindeutigen Namen verwenden.

4. Eine zusätzliche genauere Beschreibung können Sie im Feld BESCHREIBUNG angeben. Wählen Sie ggf. den Katalog aus, in dem der Schnellbaustein angezeigt werden soll. Bei Bedarf können Sie den Baustein auch einer Kategorie zuweisen.

Speichern Sie den Schnellbaustein unter einem Namen

Standardmäßig verwendet Word die Option NUR INHALT EINFÜGEN, damit wird später der Inhalt immer an der Cursorposition im Dokument eingefügt. Falls gewünscht, können Sie als Option auch festlegen, dass der Inhalt des Schnellbausteins immer in einem eigenen Absatz eingefügt werden soll (INHALT IN EIGENEM ABSATZ EINFÜGEN) oder möglicherweise sogar auf einer eigenen Seite (INHALT AUF EIGENER SEITE EINFÜGEN).

Wichtig: Schnellbausteine beziehen standardmäßig nur die Zeichenformatierung mit ein. Um Absatzformate wie Einzüge, Ausrichtung oder Abstände ebenfalls mit dem Eintrag zu speichern, müssen Sie auch das (nicht druckbare) Zeichen für Absatzende mit markieren und speichern.

Benötigen Sie auch Absatzformate im Schnellbaustein?

Schnellbaustein einfügen

Um einen Schnellbaustein im Dokument einzufügen, setzen Sie den Cursor an die gewünschte Position, klicken auf die Schaltfläche SCHNELLBAUSTEINE und wählen aus der Liste den Eintrag mit einem Mausklick aus. Als Alternative können Sie auch den Namen des Bausteins eingeben und anschließend die Funktionstaste F3 drücken.

Schnellbausteine einfügen mit der Funktionstaste F3

Schnellbausteine bearbeiten/löschen

Klicken Sie in der Liste der Schnellbausteine mit der rechten Maustaste auf einen der Einträge. Mit dem Befehl EIGENSCHAFTEN BEARBEITEN… können Sie diesen Eintrag nun bearbeiten, bzw. umbenennen. Zum Löschen eines Schnellbausteins verwenden Sie aus dem Kontextmenü der rechten Maustaste den Befehl ORGANISIEREN UND LÖSCHEN… Damit öffnet Word ein Fenster mit allen Schnellbausteinen in dem Sie den entsprechenden Eintrag markieren und anschließend löschen können.

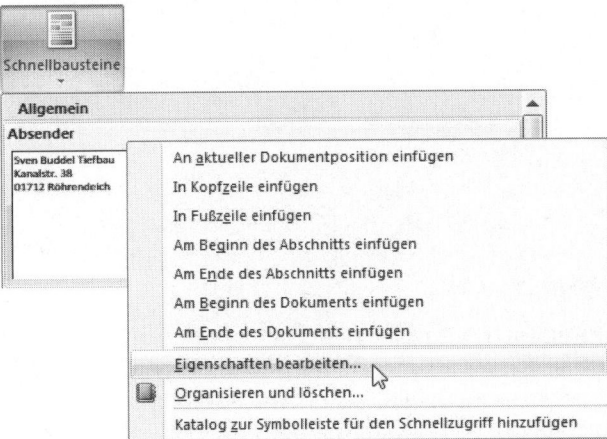

Inhalt ändern

Den Inhalt eines Schnellbausteins können Sie nur ändern, indem Sie den Baustein zunächst in ein beliebiges Dokument einfügen. Nehmen Sie hier anschließend alle erforderlichen Änderungen vor, markieren Sie den Textbereich und speichern Sie den Schnellbaustein unter dem bisherigen Namen erneut ab. Bestätigen Sie die nachfolgende Meldung, ob Sie den Baustein neu definieren möchten mit der Schaltfläche JA.

Schnellbausteine können nur im Dokument geändert werden

Tipp:
Schnellbausteine
drucken

Liste der Schnellbausteine drucken
Klicken Sie dazu auf die Office-Schaltfläche und öffnen Sie über die Schaltfläche
DRUCKEN das entsprechende Dialogfenster. Wählen Sie dann unter DRUCKEN: aus
dem Listenfeld den Eintrag BAUSTEINEINTRÄGE.

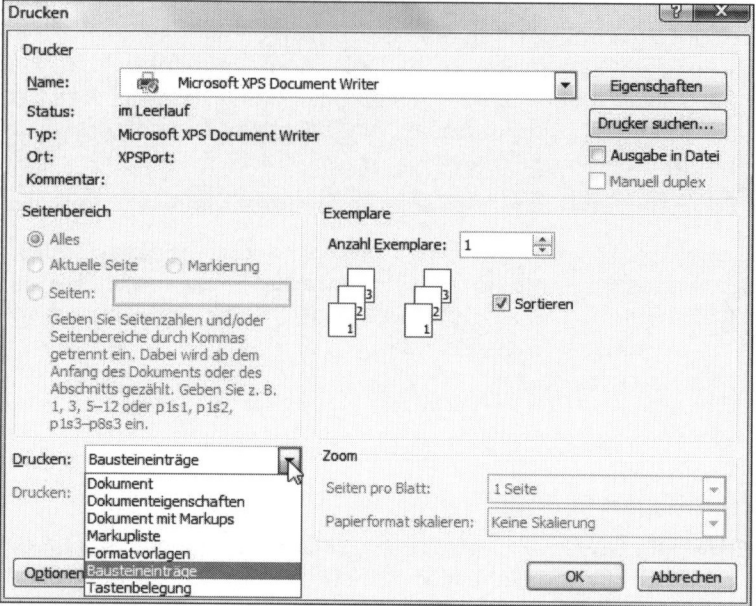

8.2. Word-Dokument einfügen

Sie können auch ein vollständiges, bereits gespeichertes Word-Dokument an der
Cursorposition einfügen. Wechseln Sie dazu in das Register EINFÜGEN, Gruppe
TEXT. Klicken Sie auf die Schaltfläche OBJEKT und wählen Sie TEXT AUS DATEI...

Siehe auch Lektion 2:
Datei öffnen

Ein Fenster DATEI EINFÜGEN, ähnlich dem Dialogfenster DATEI ÖFFNEN erscheint.
Markieren Sie die gewünschte Datei und klicken Sie auf die Schaltfläche EINFÜ-
GEN.

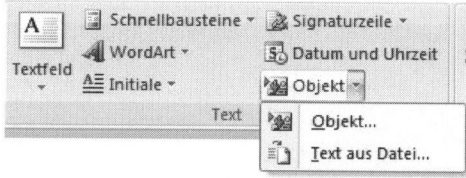

8.3. Kopf- und Fußzeilen

Kopf- und Fußzeilen
werden automatisch
auf jeder Druckseite
wiederholt.

Elemente, die beim Drucken automatisch auf jeder Seite am oberen oder unteren
Rand gedruckt werden sollen, beispielsweise die Seitenzahlen, fügen Sie in die
Kopfzeile am oberen Seitenrand oder die Fußzeile am unteren Seitenrand ein. Der
Bereich von Kopf- und Fußzeilen befindet sich zwischen dem Papierrand und dem
oberen oder unteren Seitenrand und somit außerhalb des eigentlichen Satzspie-
gels. Eine Kopf- oder Fußzeile kann beliebigen Text, eine Tabelle oder eine Grafik
enthalten.

Seitenzahl einfügen

Zu den wichtigsten Elementen von Kopf- oder Fußzeile gehören die Seitenzahlen,
die Sie im Register EINFÜGEN, Gruppe KOPF- UND FUßZEILE hinzufügen. Mit einem
Mausklick auf die Schaltfläche SEITENZAHL öffnet Word eine Auswahl verschiedener Zahlenformate und –positionen. Wählen Sie, ob Sie die Seitenzahlen oberhalb

(SEITENANFANG) oder unterhalb (SEITENENDE) des Textes einfügen wollen und legen Sie das gewünschte Aussehen fest. Die Gestaltungsmöglichkeiten sind für die Positionen Seitenanfang und Seitenende identisch. Zusätzliche Möglichkeiten bietet die Schaltfläche SEITENZAHLEN FORMATIEREN...

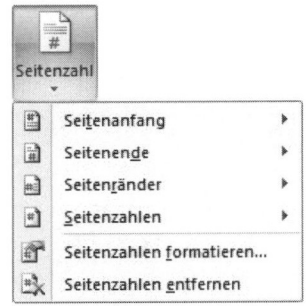

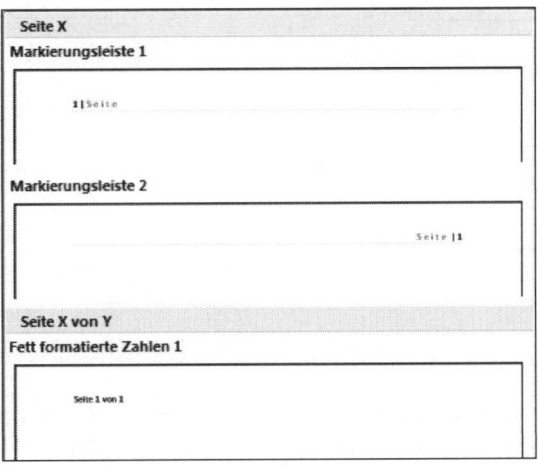

Nach dem Einfügen der Seitenzahl öffnet Word je nach gewählter Position den Bereich Kopfzeile (Seitenanfang) oder Fußzeile (Seitenende) mit der Seitenzahl. Sie können nun beliebigen Text hinzufügen, sowie Seitenzahl und Text formatieren. Gleichzeitig erscheint das Register KOPF- UND FUßZEILENTOOLS – ENTWURF. Mit einem Mausklick auf die Schaltfläche KOPF- UND FUßZEILEN SCHLIEßEN kehren Sie zurück zum eigentlichen Text. Als Alternative genügt auch ein Doppelklick in den Textbereich, um die Kopf- oder Fußzeile zu schließen.

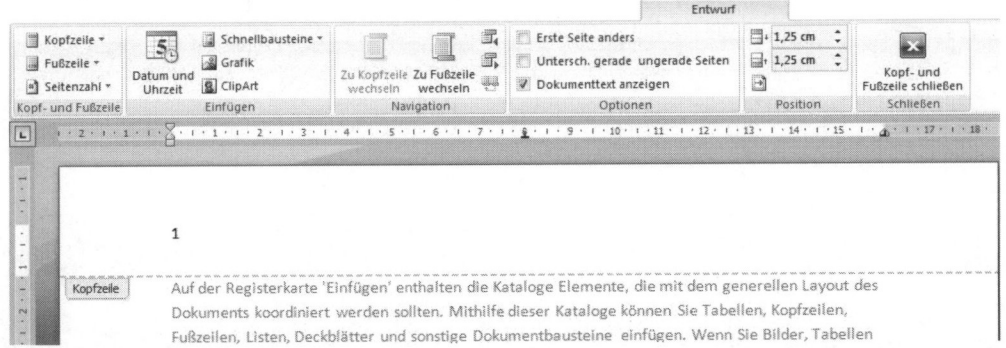

Tipp: Mit einem Doppelklick in den oberen oder unteren Seitenrand können Sie jederzeit den Bereich der Kopf- oder Fußzeilen wieder öffnen.

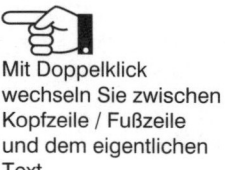

Mit Doppelklick wechseln Sie zwischen Kopfzeile / Fußzeile und dem eigentlichen Text.

Mit den Schaltflächen der Gruppe NAVIGATION können Sie schnell zwischen Kopfzeile und Fußzeile wechseln. Über weitere Schaltflächen legen Sie den Abstand der Kopf- oder Fußzeile zum Papierrand fest.

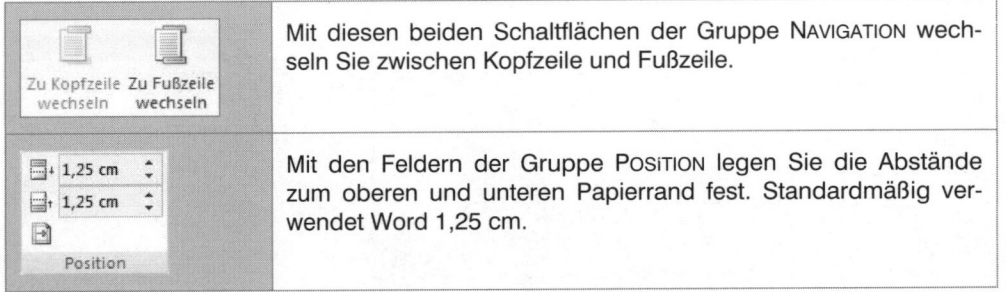

	Mit diesen beiden Schaltflächen der Gruppe NAVIGATION wechseln Sie zwischen Kopfzeile und Fußzeile.
	Mit den Feldern der Gruppe POSITION legen Sie die Abstände zum oberen und unteren Papierrand fest. Standardmäßig verwendet Word 1,25 cm.

Kopf- und Fußzeile bearbeiten

Kopf- und Fußzeilen können Sie auch über das Register EINFÜGEN, Gruppe KOPF-
UND FUßZEILE einfügen und bearbeiten. Es erscheint ein Auswahlfeld mit verschiedenen vordefinierten Kopf-, bzw. Fußzeilen. Wenn Sie die Kopf- oder Fußzeile
individuell gestalten wollen, dann sollten Sie LEER wählen.

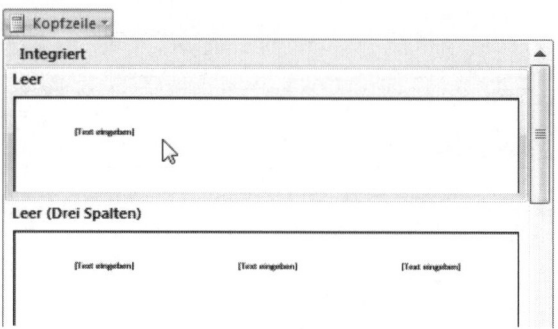

Auch leere Kopf-/
Fußzeilen verfügen
über Tabstopps

Word öffnet den entsprechenden Bereich oberhalb oder unterhalb des Seitenran-
des, als Hilfe bei der Ausrichtung sind auch bei einer leeren Kopf- oder Fußzeile
bereits vordefinierte Tabstopps vorhanden: zentriert in der Mitte der Seite, sowie
rechtsbündig am rechten Seitenrand. Gleichzeitig erscheint das Register KOPF-
UND FUßZEILENTOOLS – ENTWURF. Über dieses Register können Sie nun häufig be-
nutzte Elemente wie Schnellbausteine, Grafik oder ClipArt einfügen, sowie beliebigen Text eingeben und formatieren.

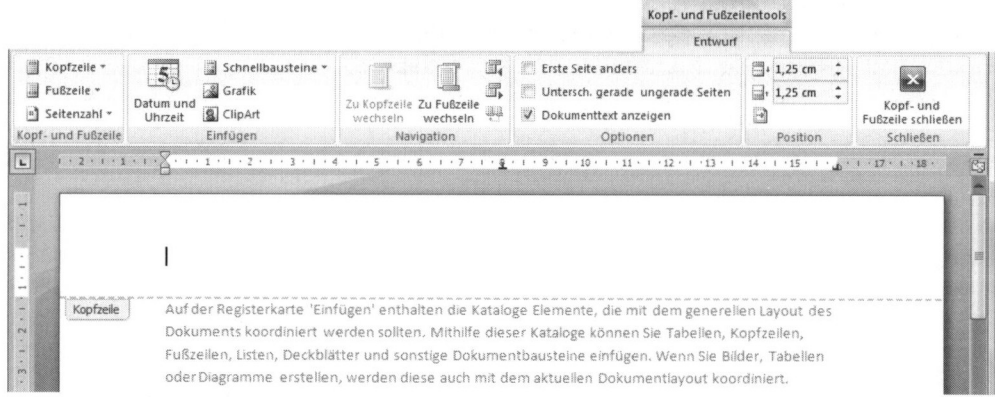

Datum und
Uhrzeit

Das Datum
automatisch
aktualisieren

Datum und Uhrzeit einfügen

Klicken Sie auf die Schaltfläche DATUM UND UHRZEIT und markieren Sie die ge-
wünschte Schreibweise. Wenn Sie das Kontrollkästchen AUTOMATISCH AKTUALISIE-
REN aktiviert haben, so zeigt Word auch beim späteren Öffnen immer das aktuelle
Datum an.

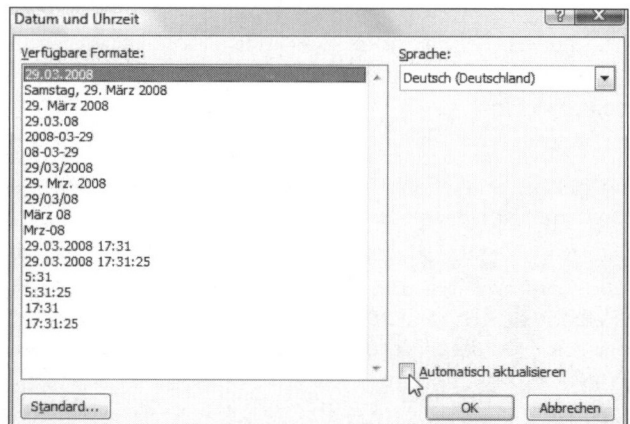

Unterschiedliche Kopf- und Fußzeilen gestalten

Kopf- und Fußzeilen gehören eigentlich zu den Abschnittsformaten, d.h. Sie können für jeden Abschnitt eines Dokuments eine eigene Kopf- oder Fußzeile definieren. Besteht Ihr Dokument nur aus einem einzigen Abschnitt, so erscheint der
Inhalt von Kopf- oder Fußzeilen automatisch auf jeder Seite, für unterschiedliche
Kopf- und Fußzeilen müssen Sie ein Dokument in Abschnitte aufteilen.

Abschnitte, siehe auch
Lektion 5

Standardmäßig bietet Word im Register KOPF- UND FUßZEILENTOOLS – ENTWURF, mit
der Gruppe OPTIONEN zwei Möglichkeiten an:

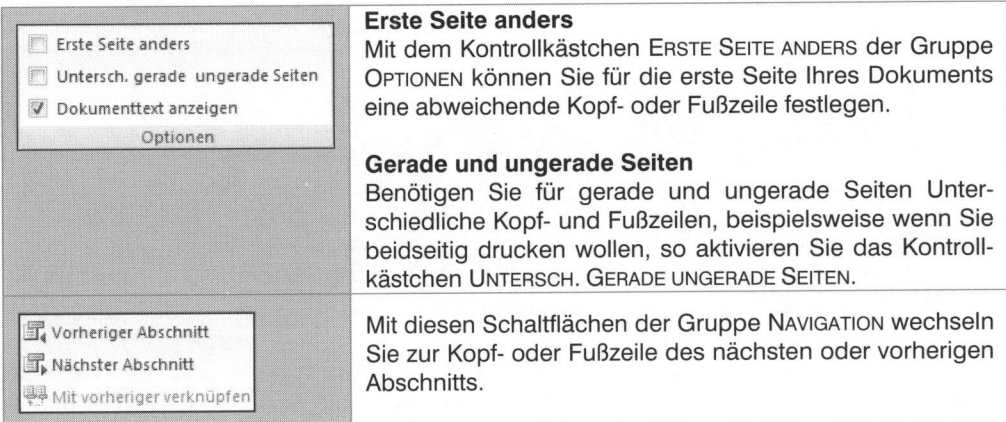

☐ Erste Seite anders ☐ Untersch. gerade ungerade Seiten ☑ Dokumenttext anzeigen Optionen	**Erste Seite anders** Mit dem Kontrollkästchen ERSTE SEITE ANDERS der Gruppe OPTIONEN können Sie für die erste Seite Ihres Dokuments eine abweichende Kopf- oder Fußzeile festlegen. **Gerade und ungerade Seiten** Benötigen Sie für gerade und ungerade Seiten Unter-schiedliche Kopf- und Fußzeilen, beispielsweise wenn Sie beidseitig drucken wollen, so aktivieren Sie das Kontroll-kästchen UNTERSCH. GERADE UNGERADE SEITEN.
Vorheriger Abschnitt Nächster Abschnitt Mit vorheriger verknüpfen	Mit diesen Schaltflächen der Gruppe NAVIGATION wechseln Sie zur Kopf- oder Fußzeile des nächsten oder vorherigen Abschnitts.

Existieren mehrere Abschnitte, so sind standardmäßig die Kopf- und Fußzeilen mit
denen des vorherigen Abschnitts verknüpft. Um eine zweite Kopf- oder Fußzeile
getrennt zu bearbeiten, müssen Sie zuerst die Verknüpfung mit der ersten deaktivieren. Klicken Sie dazu auf die Schaltfläche MIT VORHERIGER VERKNÜPFEN.

Verknüpfung zur
vorherigen deaktivieren

8.4.   Zusammenfassung

- Häufig wiederkehrende Texte und Textelemente können Sie in Word als
  Schnellbausteine speichern und später beliebig oft in Dokumente einfügen.
  Schnellbausteine können auch Formatierungen, sowie Grafik und Tabellen
  enthalten.

- Um ein vollständiges, bereits gespeichertes Word-Dokument an der Cursorposition einzufügen, verwenden Sie im Register EINFÜGEN die Schaltfläche OB-
  JEKT und wählen TEXT AUS DATEI.

- Die Inhalte von Kopf- und Fußzeilen müssen nur einmal eingegeben werden,
  erscheinen aber automatisch auf jeder Druckseite. Wichtige Elemente der
  Kopf- oder Fußzeile sind die Seitenzahlen. Darüber hinaus können Kopf- und
  Fußzeilen nicht nur Text, sondern auch Grafik oder Tabellen enthalten und beliebig formatiert werden. Der Bereich für Kopf- und Fußzeilen befindet sich
  zwischen dem Papierrand und dem Seitenrand, mit einem Doppelklick in diesen Bereich können Sie den Inhalt bearbeiten.

- Kopf- und Fußzeilen gehören zu den Abschnittformaten, d.h. Sie können für
  jeden Abschnitt eines Dokuments eigene Kopf- oder Fußzeilen definieren.
  Standardmäßig bietet Word die Möglichkeit unterschiedlicher Kopf- und Fußzeilen für die erste Seite, bzw. für gerade und ungerade Seiten.

8.5. Übung

Aufgabe

Öffnen Sie ein neues, leeres Dokument, erfassen Sie die folgenden Texte (einschließlich Formatierung und speichern Sie die Texte als Schnellbausteine unter den angegebenen Namen Mahn1, Mahn2· und Mahn3.

Mahn1:

sicher haben Sie übersehen, den unten genannten, noch ausstehenden Rechnungsbetrag fristgerecht auf eines unserer Konten zu überweisen. Wir möchten Sie darauf hinweisen, dass für Sie unnötige Kosten entstehen, sollten wir innerhalb der nächsten 10 Tage keinen Zahlungseingang verzeichnen.

Mahn2:

Bitte bei Zahlungen stets angeben:

Rechnungs-Nr.	Kunden-Nr.	Rechnungsdatum	Rechnungsbetrag	Fälligkeit:

Mahn3:

Sollten Sie den fälligen Betrag inzwischen beglichen haben, so betrachten Sie bitte dieses Schreiben als gegenstandslos.

Erstellen Sie in einem weiteren Dokument ein Mahnschreiben nach dem abgebildeten Beispiel und fügen Sie im Brief nacheinander die Schnellbausteine Mahn1, Mahn2 und Mahn3 ein. Speichern Sie das Dokument unter dem Namen Mahnschreiben-Müller.

SCHREINEREI HOLZFUCHS
Holzweg 4
12343 Irgendwo

Schreinerei Holzfuchs – Holzweg 4 – 12343 Irgendwo

Herrn Karl Müller
Asternweg 34
94315 Straubing

Irgendwo, den 2008-02-01
Sachbearbeiterin: Sandra Brösel
Telefon 0162 - 776655

Mahnung

Sehr geehrter Herr Müller,

sicher haben Sie übersehen, den unten genannten, noch ausstehenden Rechnungsbetrag fristgerecht auf eines unserer Konten zu überweisen. Wir möchten Sie darauf hinweisen, dass für Sie unnötige Kosten entstehen, sollten wir innerhalb der nächsten 10 Tage keinen Zahlungseingang verzeichnen.

Bitte bei Zahlungen stets angeben:

Rechnungs-Nr.	Kunden-Nr.	Rechnungsdatum	Rechnungsbetrag	Fälligkeit:
1409	109/12335	15.01.	156,25	25.01.

Sollten Sie den fälligen Betrag inzwischen beglichen haben, so betrachten Sie bitte dieses Schreiben als gegenstandslos.

Mit freundlichen Grüßen

Sandra Brösel

- Fügen Sie im Brief noch zentrierte Seitenzahlen in die Fußzeile ein.
- Gestalten Sie eine Kopfzeile nach dem unten abgebildeten Muster:

Holzfuchs – immer für Sie da!

SCHREINEREI HOLZFUCHS
Holzweg 4
12343 Irgendwo

Schreinerei Holzfuchs – Holzweg 4 – 12343 Irgendwo

Herrn Karl Müller
Asternweg 34
94315 Straubing

Bemerkungen:

_____

_____

_____

9. Formatvorlagen und Dokumentvorlagen

In dieser Lektion lernen Sie...

- Formatvorlagen verwenden
- Eigene Formatvorlagen erstellen
- Benutzerdefinierte Dokumentvorlagen erstellen

Was Sie für diese Lektion wissen sollten:

- Texteingabe und Formatierung

Formatvorlagen lassen sich auch als gespeicherte Formatierungen bezeichnen und werden verwendet, um umfangreichen Dokumenten ein einheitliches Aussehen zu geben. Sie können entweder die integrierten Formatvorlagen von Word verwenden und diese Formatvorlagen an Ihre Vorstellungen anpassen oder neue Formatvorlagen erstellen.

Dokumentvorlagen steuern dagegen das Aussehen ganzer Dokumente. Sie werden bei der Erstellung neuer Dokumente verwendet und lassen sich am besten mit Vordrucken vergleichen, beispielsweise einem Briefkopf oder einem Rechnungsformular. Word verfügt über verschiedene Dokumentvorlagen, die Sie anstelle eines neuen, leeren Dokuments verwenden können, Sie können aber auch eigene Dokumentvorlagen speichern.

9.1. Integrierte Formatvorlagen

Mit Formatvorlagen lassen sich Dokumente einheitlich gestalten.

In vielen Dokumenten werden für ein einheitliches Layout immer die gleichen Formatierungen benötigt. Damit Sie diese Formatierungen nicht immer wieder neu vornehmen oder jedes Mal das Format übertragen müssen, bietet Word die Verwendung von Formatvorlagen an. Eine Formatvorlage kann mehrere Formatierungsmerkmale enthalten und Absätzen oder Zeichen beliebig oft zugewiesen werden.

Ein weiterer Vorteil: wenn Sie die Formatierung einer Formatvorlage nachträglich ändern, so ändert sich damit automatisch auch das Aussehen aller Absätze, die diese Formatvorlage verwenden.

Word unterscheidet grundsätzlich zwischen zwei Arten von Formatvorlagen:

- Zeichenformatvorlagen enthalten ausschließlich Zeichenformate
- Absatzformatvorlagen können sowohl Zeichen- als auch Absatzformate enthalten

Klicken Sie auf die gewünschte Formatvorlage

Formatvorlage zuweisen

Word verfügt über eine Vielzahl integrierter Formatvorlagen, die Sie verwenden können, um schnell ansprechende Dokumente zu gestalten. Sie finden die Vorlagen unter dem Titel SCHNELLFORMATVORLAGEN im Register START, Gruppe FORMAT-VORLAGEN. Wenn Sie mit der Maus auf eine der Formatvorlagen zeigen, ändert sich nach kurzer Verzögerung das Aussehen des aktuellen Absatzes, mit einem Mausklick weisen Sie dem aktuellen Absatz die gewählte Vorlage zu. Verwenden Sie am rechten Rand der Liste die Pfeile nach oben/unten, um weitere Formatvorlagen anzuzeigen, oder öffnen Sie mit einem Mausklick auf das Symbol WEITERE 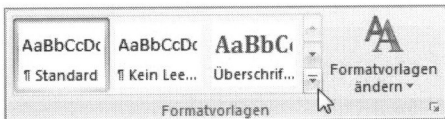 die gesamte Auswahl. Hier finden Sie beispielsweise Formatvorlagen für verschiedene Überschriftebenen und Hervorhebungen.

Die integrierten Formatvorlagen

Die Formatvorlage Standard

Die wichtigste Formatvorlage ist die Vorlage Standard, sie legt die Standardschriftart und Standardabsatzformatierung eines Dokuments fest. Wenn Sie nach dem Öffnen eines neuen, leeren Dokuments mit der Eingabe beginnen, dann erhält der Text automatisch alle Formatierungen der Formatvorlage Standard. Auch wenn Sie die Formatierung eines Absatzes löschen, erhält der Absatz wieder das Aussehen, das durch die Formatvorlage Standard festgelegt wurde. Als Alternative können Sie dem Text auch wieder die Formatvorlage Standard zuweisen.

Die Standardformatierung für Absätze und Zeichen

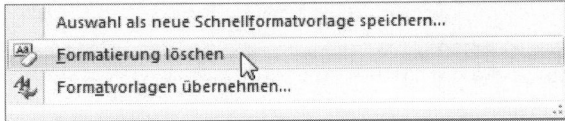

FORMATIERUNG LÖSCHEN stellt die Standardformatierung wieder her.

FORMATIERUNG LÖSCHEN

Die integrierten Formatvorlagen gehören eigentlich zu einem ganzen Satz an Vorlagen. Möchten Sie einen anderen Formatvorlagensatz wählen, oder Farben und Schriftarten festlegen, so verwenden Sie dazu die Schaltfläche FORMATVORLAGEN ÄNDERN.

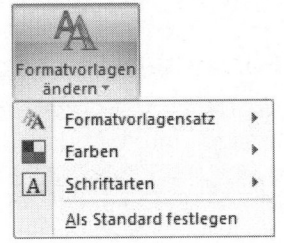

Überschriften

Weitere wichtige integrierte Formatvorlagen steuern das Aussehen der Überschriften. Word verfügt über Formatvorlagen für maximal neun Überschriftebenen.

Das Fenster FORMATVORLAGEN ANZEIGEN

Für das Arbeiten mit Formatvorlagen sollten Sie mit einem Mausklick auf das Pfeilsymbol der Gruppe FORMATVORLAGEN ein Fenster mit der Liste von Formatvorlagen öffnen. Dieses Fenster bleibt solange dauerhaft geöffnet, bis Sie auf das SCHLIESSEN-Symbol klicken. Mit dem Kontrollkästchen VORSCHAU ANZEIGEN, können Sie sich auch die dazugehörige Formatierung mit anzeigen lassen.

Formatvorlagen anzeigen

Das Fenster
FORMATVORLAGEN

Symbole kennzeichnen
den Vorlagentyp

Jede Formatvorlage ist noch mit einem Symbol versehen, das den Formatvorlagentyp kennzeichnet. Die Bedeutung der Symbole:

¶	Absatzformatvorlagen sind mit diesem Symbol gekennzeichnet, können aber sowohl Absatz-, als auch Zeichenformate enthalten. Eine Absatzformatvorlage weisen Sie immer dem aktuellen Absatz oder mehreren markierten Absätzen zu.
a	Dieses Symbol kennzeichnet Zeichenformatvorlagen. Wie bei der Zeichenformatierung müssen Sie auch bei der Verwendung von Zeichenformatvorlagen zuvor den Text markieren.
¶a	Dieses Symbol bedeutet, die Formatvorlage enthält sowohl Absatz- als auch Zeichenformate (Verknüpft). Sie können die Vorlage dem markierten Text als Zeichenformatvorlage zuweisen oder dem aktuellen Absatz als Absatzformatvorlage.

Formatvorlagen ändern

Mit Hilfe von Formatvorlagen können Sie sehr schnell Formatierungen im gesamten Dokument ändern.

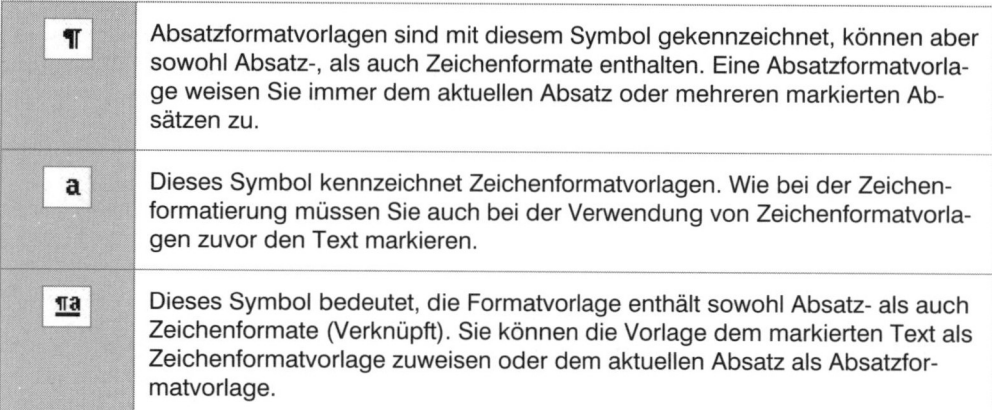

Alle nachträglichen Änderungen an einer Formatvorlage wirken sich automatisch auf alle Absätze und Zeichen aus, die mit dieser Formatvorlage formatiert wurden.

Änderungen an der
Formatvorlage wirken
sich auf alle
dazugehörigen Texte
aus

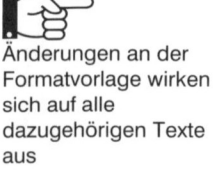

Formatvorlagen
anzeigen

So gehen Sie dabei vor:

1. Öffnen Sie das Fenster FORMATVORLAGEN. Sobald Sie Sie mit der Maus auf eine der Formatvorlagen zeigen, erscheint eine Beschreibung der Vorlage, sowie rechts daneben ein kleines Dreieck.

2. Zeigen Sie auf die zu ändernde Formatvorlage und klicken Sie auf das Dreiecksymbol.

3. Klicken Sie auf die Schaltfläche ÄNDERN... um das Dialogfenster FORMATVORLAGE ÄNDERN zu öffnen.

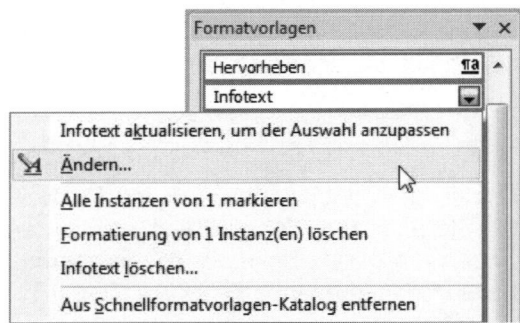

Das Dialogfenster FORMATVORLAGE ÄNDERN zeigt eine Vorschau sowie eine Beschreibung der Vorlage an. Nehmen Sie hier die gewünschten Änderungen vor und bestätigen Sie mit der Schaltfläche OK. Die wichtigsten Formatierungen lassen sich über Symbole schnell vornehmen, alle übrigen Formate sind über die Schaltfläche FORMAT verfügbar.

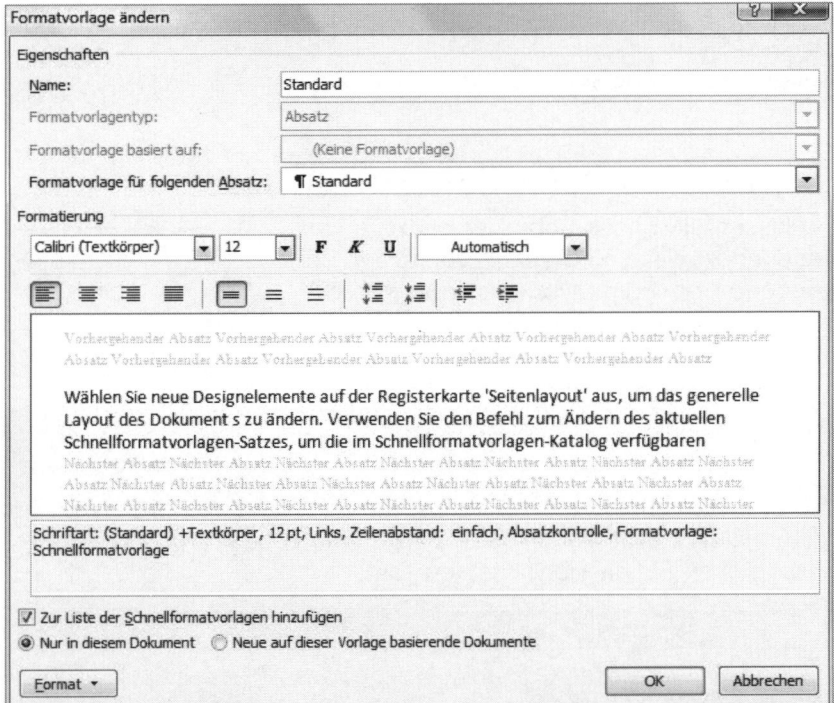

Das Dialogfenster
FORMATVORLAGE
ÄNDERN

Achten Sie bei Änderungen an einer Formatvorlage noch auf diese Optionen:

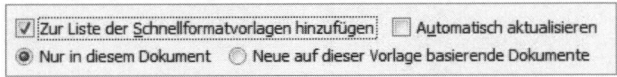

Achten Sie auf diese
Optionen

NUR IN DIESEM DOKUMENT bedeutet, die soeben vorgenommenen Änderungen wirken sich ausschließlich auf das aktuelle Dokument aus, mit der Option NEUE, AUF DIESER VORLAGE BASIERENDE DOKUMENTE sind die Änderungen auch in allen neuen Dokumenten verfügbar.

Das Kontrollkästchen AUTOMATISCH AKTUALISIEREN sollten Sie besser nicht aktivieren, da sonst bei allen Änderungen am Format eines Absatzes mit dieser Formatvorlage, auch die Formatvorlage selbst aktualisiert wird.

Formatvorlage aktualisieren
Als Alternative können Sie eine Formatvorlage auch anhand der geänderten Formatierung eines Absatzes, bzw. der markierten Zeichen aktualisieren.

1. Dazu führen Sie zunächst die gewünschten Änderungen an einem Absatz durch.

2. Achten Sie dann darauf, dass sich der Cursor im geänderten Absatz befindet und öffnen Sie das Fenster FORMATVORLAGEN. Klicken Sie auf das Dreiecksymbol derjenigen Formatvorlage, die Sie ändern wollen und wählen Sie den Befehl ...AKTUALISIEREN, UM DER AUSWAHL ANZUPASSEN. Bei einer Zeichenformatvorlage müssen Sie wieder den Text zuvor markieren.

Formatvorlage anhand
des Textes
aktualisieren

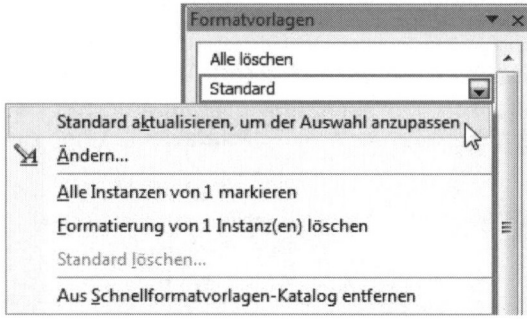

Schnelle Formatierung
mit Tasten-
kombinationen

Tastenkombinationen für Formatvorlagen zuweisen

Formatvorlagen lassen sich noch schneller mit Hilfe von Tastenkombinationen zuweisen. Dies ist vor allem bei häufiger Verwendung von Formatvorlagen nützlich. Öffnen Sie dazu das Dialogfenster FORMATVORLAGE ÄNDERN und klicken Sie auf die Schaltfläche FORMAT.

Wählen Sie den Eintrag TASTENKOMBINATION...

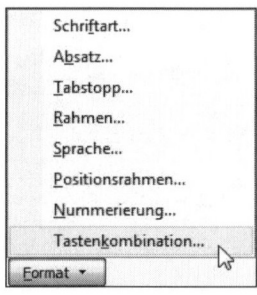

Word öffnet das Fenster TASTATUR ANPASSEN. Klicken Sie in das Feld NEUE TASTEN-KOMBINATION und drücken Sie die gewünschten Tasten.

Tastatur anpassen,
bzw. Tasten-
kombination zuweisen

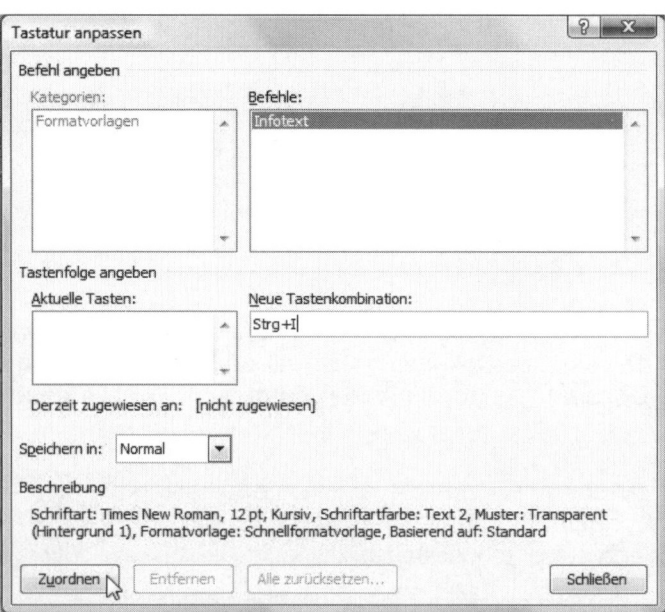

Sollte die gewählte Tastenkombination bereits anderweitig belegt sein, so erscheint dies unter DERZEIT ZUGEWIESEN AN. Verwenden Sie am besten Kombinationen mit den Tasten Strg und Umschalt (Shift). Achten Sie auch darauf, bekannte und wichtige Tastenkombinationen wie beispielsweise Strg+C (Kopieren) nicht zu verwenden, da die ursprüngliche Tastenbelegung sonst überschrieben wird.

9.2. Neue Formatvorlage erstellen

Absatzformatvorlage

Eine eigene benutzerdefinierte Absatzformatvorlage erstellen Sie am schnellsten, indem Sie zunächst einen Absatz im Dokument mit allen gewünschten Zeichen- und Absatzformaten versehen.

Eigene Absatzformat-
vorlage erstellen

- Achten Sie dann darauf, dass sich der Cursor innerhalb des Absatzes befindet und klicken Sie in der Gruppe FORMATVORLAGEN auf das Symbol WEITERE. Rufen Sie dann den Befehl AUSWAHL ALS NEUE SCHNELLFORMATVORLAGE SPEICHERN... auf.

- Ein Dialogfenster wird geöffnet, geben Sie einen Namen für Ihre Formatvorlage ein und bestätigen Sie mit OK.

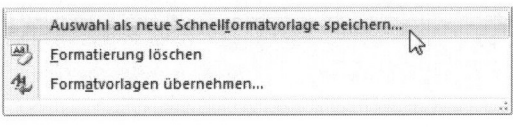

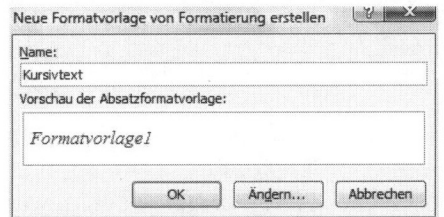

Möchten Sie beim Speichern einer neuen Formatvorlage noch Änderungen vornehmen, so klicken Sie auf die Schaltfläche ÄNDERN... Damit öffnen Sie das Dialogfenster NEUE FORMATVORLAGE ERSTELLEN.

Neue Formatvorlage
erstellen

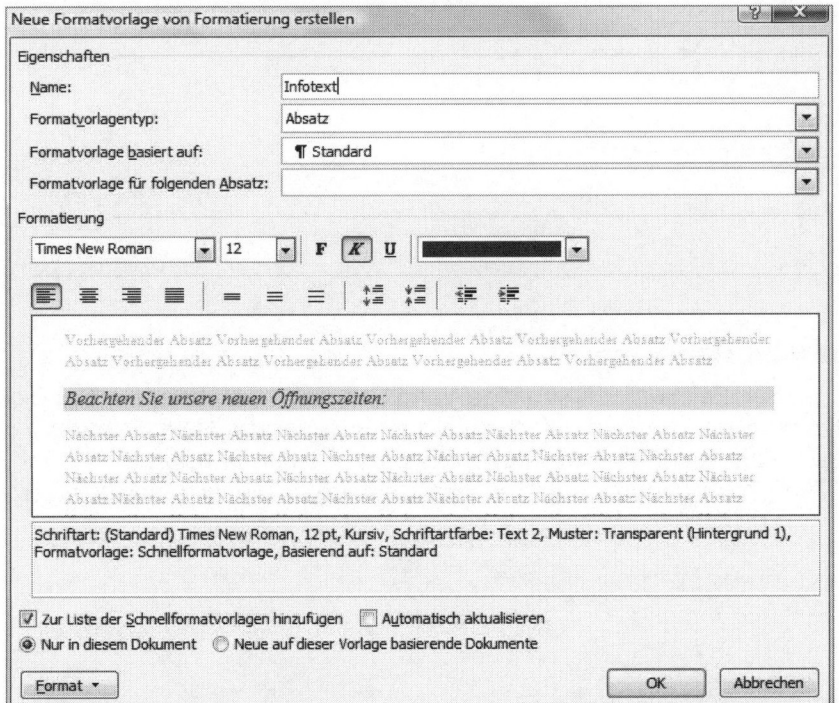

- Unter FORMATVORLAGE FÜR DEN FOLGENDEN ABSATZ können Sie angeben, welche Formatvorlage der nachfolgende Absatz nach dem Drücken der Eingabetaste erhalten soll.

- Darunter finden Sie Schaltflächen für die wichtigsten Formate, sowie eine Vorschau und Beschreibung der Vorlage. Kontrollieren Sie die Formatierungen und führen Sie bei Bedarf die erforderlichen Änderungen durch, weitere Formatierungsmöglichkeiten bietet die Schaltfläche FORMAT.

Soll die Formatvorlage auch in allen anderen Dokumenten verfügbar sein?

- Mit der Option NUR IN DIESEM DOKUMENT wird die Formatvorlage zusammen mit dem aktuellen Dokument gespeichert und ist ausschließlich in diesem Dokument verfügbar. Soll die Formatvorlage auch in allen neuen Dokumenten zur Verfügung stehen, so wählen Sie die Option NEUE AUF DIESER VORLAGE BASIERENDE DOKUMENTE. Mit Vorlage ist in diesem Fall die Dokumentvorlage gemeint.

- Wählen Sie noch aus, ob die neue Formatvorlage auch in der Liste der Schnellformate angezeigt werden soll.

- Wenn Sie das Kontrollkästchen AUTOMATISCH AKTUALISIEREN aktivieren, so führt das dazu, dass jede Änderung am Format eines Absatzes, der mit dieser Formatvorlage formatiert wurde, sich auch auf die dazugehörige Formatvorlage auswirkt. Dadurch erhalten auch alle übrigen Absätze mit dieser Formatvorlage die neue Formatierung.

Automatisches
aktualisieren

> **Vorsicht:** Automatisches Aktualisieren einer Formatvorlage kann zu unbeabsichtigten Änderungen am gesamten Dokument führen!

Als Alternative können Sie eine neue Formatvorlage auch erstellen, indem Sie über das Fenster Formatvorlagen und das Symbol NEUE FORMATVORLAGE das Dialogfenster öffnen und hier alle gewünschten Formatierungen festlegen.

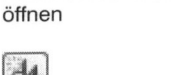

Das Fenster
FORMATVORLAGEN
öffnen

Neue Formatvorlage

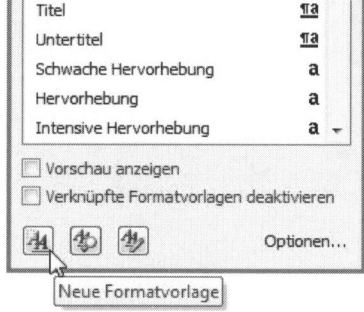

Zeichenformatvorlage

Beim Zuweisen einer Zeichenformatvorlage müssen Sie die Zeichen markieren

Beim Erstellen einer Zeichenformatvorlage verfahren Sie, wie oben am Beispiel Absatzformatvorlage beschrieben. Öffnen Sie das Dialogfenster NEUE FORMATVORLAGE ERSTELLEN und geben Sie einen Namen für die neue Formatvorlage ein. Wählen Sie den Typ ZEICHENFORMATVORLAGE aus und legen Sie alle gewünschten Formatierungen fest.

Verknüpfte Formatvorlage (Zeichen- und Absatzformatvorlage)

Verknüpfte Vorlagen enthalten sowohl Absatz-, als auch Zeichenformate. Sie können damit dem markierten Text die Zeichenformate der Formatvorlage zuweisen. Haben Sie dagegen keinen Text markiert, so weisen Sie dem gesamten aktuellen Absatz alle Formatierungen der Formatvorlage zu. Zum Erstellen einer verknüpften Formatvorlage wählen Sie VERKNÜPFT als Typ.

Den markierten Zeichen oder dem aktuellen Absatz zuweisen

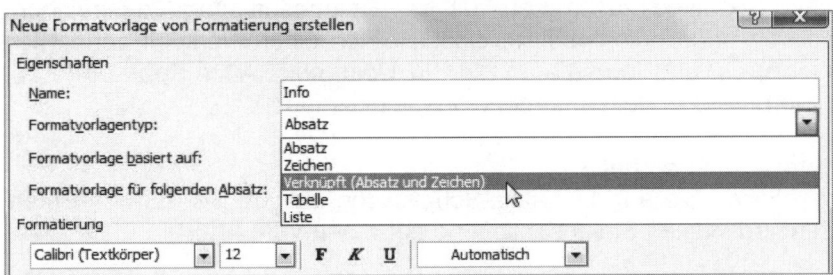

Formatvorlage löschen

Klicken Sie auf den Auswahlpfeil der Formatvorlage, die Sie löschen möchten, wählen Sie den Eintrag FORMATVORLAGE LÖSCHEN... Bestätigen Sie die nachfolgende Meldung mit der Schaltfläche OK. Falls die gelöschte Formatvorlage noch im Dokument verwendet wurde, wird den entsprechenden Texten wieder die Formatvorlage Standard zugewiesen.

Integrierte Formatvorlagen können nicht gelöscht werden!

9.3.   Dokumentvorlagen

Dokumentvorlagen geben die Standardeinstellungen für ein neues Dokument vor. Sie speichern allgemeine Einstellungen wie Papierformat, Ausrichtung und Seitenränder, können aber auch Text oder Grafik, sowie Formatierungen in Form von Formatvorlagen enthalten, Sie brauchen nur noch Text hinzufügen. Mit ihrer Hilfe lassen sich so viele Aufgaben vereinfachen. Dokumentvorlagen werden aber auch verwendet, wenn eine Vielzahl von Dokumenten, beispielsweise Briefe ein einheitliches Aussehen erhalten soll. Wie Sie die integrierten Dokumentvorlagen von Word bei der Erstellung neuer Dokumente verwenden, wurde in Lektion 2 beschrieben.

Sie können auch eigene Dokumentvorlagen erstellen und speichern. Dokumentvorlagen stellen einen eigenen Dateityp dar und unterscheiden sich durch die Dateinamenserweiterung .dotx von normalen Word Dokumenten. Sie werden in einem gesonderten Ordner, dem Ordner Vorlagen (Templates) gespeichert. Eigentlich basiert jedes Word-Dokument auf einer Dokumentvorlage, bei einem leeren Dokument verwendet Word eine Vorlage, die unter dem Namen Normal.dotx gespeichert ist.

Dokumentvorlagen werden als eigener Dateityp gespeichert

Eigene Dokumentvorlagen erstellen

Bei der Erstellung eigener Dokumentvorlagen haben Sie verschiedene Möglichkeiten:

- Sie verwenden eine Dokumentvorlage von Word und ändern diese nach Ihren Vorstellungen ab.
- Sie öffnen ein bereits gespeichertes Dokument
- Sie erstellen eine völlig neue Dokumentvorlage aus einem neuen, leeren Dokument heraus.

Gleichbleibender Text wird zusammen mit der Dokumentvorlage gespeichert, geben Sie also den erforderlichen Text, einschließlich einer eventuell benötigten Grafik (Firmenlogo) ein und formatieren Sie das Dokument. Auch Kopf- und Fußzeilen können Sie bereits in der Dokumentvorlage hinzufügen.

Als Dokumentvorlage speichern
Zum Speichern klicken Sie auf die Office-Schaltfläche. Zeigen Sie auf den Befehl SPEICHERN UNTER und klicken Sie anschließend auf WORD-VORLAGE.

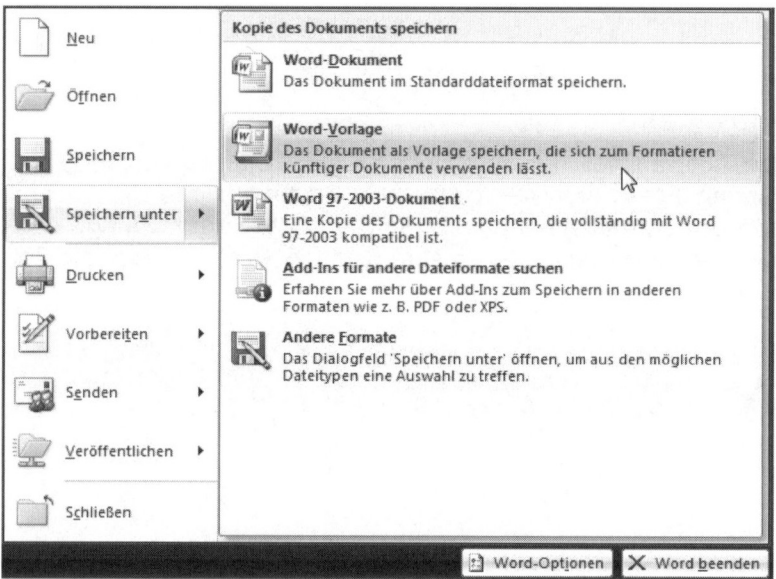

Damit Sie Ihre Dokumentvorlage bei der Erstellung neuer Dokumente schnell benutzen können, sollte die Vorlage im Ordner Vorlagen gespeichert werden.

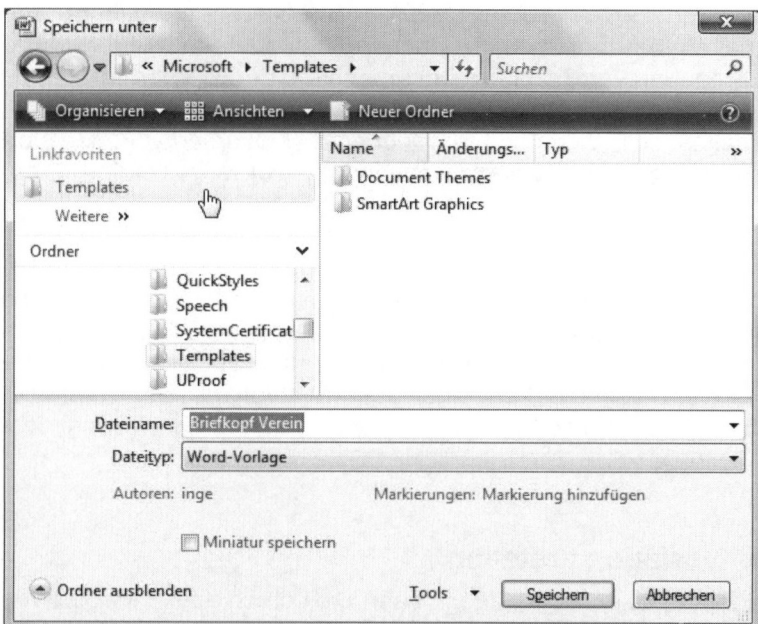

Kontrollieren Sie im Dialogfenster SPEICHERN UNTER den Speicherort in der Adressleiste: meist erscheint dieser Ordner bereits standardmäßig als Speicherort. Unter Windows Vista kann der Ordner Vorlagen auch unter seinem englischen Namen Templates angezeigt werden. Sollte dieser Ordner beim Speichern einer Vorlage nicht automatisch gewählt werden, so finden Sie diesen Ordner auch unter Linkfavoriten (Windows Vista). Geben Sie nun einen aussagekräftigen Dateinamen für Ihre Vorlage ein und überprüfen Sie, ob Word-Vorlage als Dateityp verwendet wird. Klicken Sie dann auf die Schaltfläche SPEICHERN.

Dokumentvorlagen stellen einen eigenen Dateityp dar und werden am Speicherort mit einem eigenen Symbol dargestellt. Wenn Sie eine Dokumentvorlage mit Doppelklick öffnen, wird automatisch eine Kopie dieser Vorlage als neues Dokument erzeugt.

Dateisymbol
Dokumentvorlage

Bevor Sie die Dokumentvorlage bei der Erstellung eines neuen Dokuments verwenden können, müssen Sie die Vorlage schließen.

Eigene Vorlagen verwenden

Klicken Sie auf die Office-Schaltfläche und auf den Befehl NEU. Wählen Sie dann in der Liste der Vorlagen den Eintrag MEINE VORLAGEN...

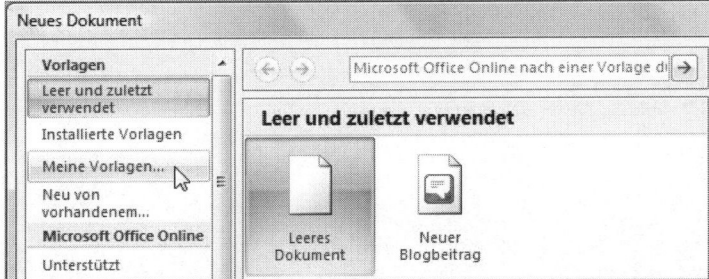

Word öffnet ein Fenster mit allen Ihren Vorlagen. Markieren Sie die gewünschte Vorlage und klicken Sie auf die Schaltfläche OK.

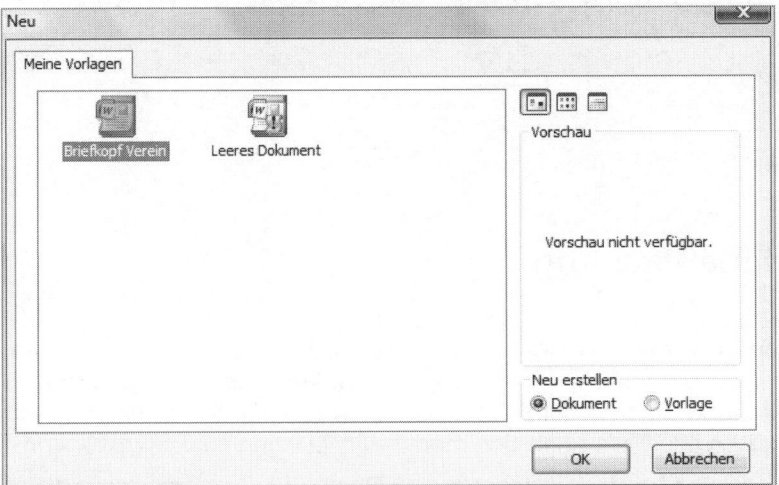

Sie können natürlich Ihre Dokumentvorlagen auch in einem anderen Ordner als dem Ordner Vorlagen speichern. Sobald Sie in einem Ordner eine Dokumentvorlage mit Doppelklick öffnen, wird automatisch eine Kopie dieser Vorlage als neues Dokument erstellt.

Beim Öffnen einer Dokumentvorlage wird automatisch ein neues Dokument erzeugt.

Erstellen Sie eine neue Vorlage

Dokumentvorlage ändern

Integrierte und eigene Dokumentvorlagen können jederzeit geändert werden. Dazu erstellen Sie am einfachsten unter Verwendung der bestehenden Vorlage eine neue Vorlage.

1. Klicken Sie auf die Office-Schaltfläche und auf den Befehl NEU. Markieren Sie die Vorlage, die Sie ändern wollen und wählen Sie unter NEU ERSTELLEN die Option VORLAGE, bevor Sie mit OK bestätigen.

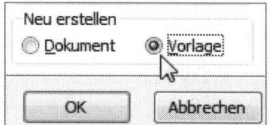

2. Nehmen Sie die gewünschten Änderungen vor. Achten Sie beim Speichern, darauf, dass der Dateityp Word-Vorlage verwendet wird und Ihre Vorlage im Ordner Vorlagen (Templates) gespeichert wird und geben Sie der Vorlage einen neuen Dateinamen.

Nicht mehr benötigte Vorlagen löschen

3. Falls erforderlich, können Sie nun die nicht mehr benötigte alte Dokumentvorlage löschen. Öffnen Sie dazu über die Office-Schaltfläche und den Befehl NEU erneut das Dialogfenster NEUES DOKUMENT. Klicken Sie mit der rechten Maustaste auf die zu löschende Vorlage und anschließend auf den Befehl LÖSCHEN. Bestätigen Sie die Rückfrage mit Ja.

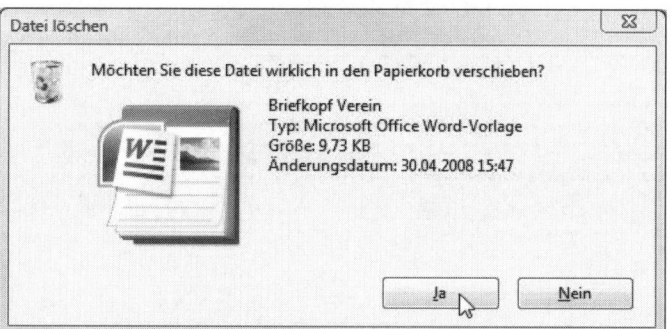

Achtung: Eine Dokumentvorlage kann nicht gelöscht werden, solange sie oder ein auf dieser Vorlage basierendes Dokument geöffnet ist.

9.4.   Zusammenfassung

- Formatvorlagen speichern häufig benötigte Formatierungen und eignen sich besonders für eine einheitliche Gestaltung von Dokumenten. Word kennt neben den Absatz- und Zeichenformatvorlagen auch verknüpfte Formatvorlagen, die Sie sowohl Absätzen, als auch den markierten Zeichen zuweisen können.

- Word verfügt bereits über eine umfangreiche Sammlung von integrierten Formatvorlagen, die Sie verwenden, bzw. nach eigenen Vorstellungen ändern können. Die wichtigste Formatvorlage ist die Vorlage Standard, sie legt die Standardschriftart und Standardabsatzformatierung eines Dokuments fest. Alle Formatvorlagen finden Sie im Register START, Gruppe FORMATVORLAGEN. Übersichtlicher ist das Fenster FORMATVORLAGEN. Mit einem Mausklick weisen Sie dem aktuellen Absatz oder dem markierten Text eine Formatvorlage zu.

- Weitere Formatvorlagen können Sie jederzeit hinzufügen. Bei der Erstellung einer Formatvorlage legen Sie Name und Vorlagentyp fest. Die Formatierung definieren Sie entweder anhand eines bereits formatierten Textes oder im Dialogfenster NEUE FORMATVORLAGE. Bei Bedarf können Sie einer Formatvorlage auch eine Tastenkombination zuweisen. Mit ihrer Hilfe können Sie während der Eingabe schnell häufig benötigte Formatvorlagen zuweisen.

- Dokumentvorlagen geben die Standardeinstellungen für neue Dokumente vor und lassen sich am besten mit Vordrucken vergleichen, die Sie beliebig oft bei der Erstellung neuer Dokumente verwenden können. Dokumentvorlagen stellen einen besonderen Dateityp dar, der beim Öffnen mit Doppelklick immer als Kopie geöffnet wird. Beim Speichern eigener Vorlagen müssen Sie daher den Dateityp Word Dokumentvorlage wählen. Wenn Sie die Dokumentvorlage im Ordner Vorlagen (Templates) speichern, dann steht Ihnen Ihre Vorlage zusammen mit den integrierten Dokumentvorlagen von Word zur Verfügung.

9.5. Übung

Aufgabe

Beginnen Sie mit einem neuen, leeren Dokument und erstellen Sie für einen beliebigen Verein, z.B. Sportverein, einen Briefkopf, den Sie anschließend als Dokumentvorlage speichern.

Richten Sie die Seitenränder ein:

Oben: 1,69 cm
Unten: 2 cm
Links/rechts: je 2,5 cm

Fügen Sie nun die Absenderangaben hinzu und achten Sie darauf, dass später die Empfängeranschrift in einem Fensterkuvert sichtbar sein soll.

- Die Absenderzeile sollte bei etwa 45 mm (gemessen vom oberen Rand) stehen und mit Schriftgröße 6 oder 8 pt. formatiert werden.

- Das Anschriftfeld für die Empfängeradresse umfasst 9 Zeilen und beginnt bei etwa 50,8 mm (gemessen vom oberen Papierrand).

- Wenn Sie in der Dokumentvorlage auch Ort und Datum hinzufügen wollen, dann sollten Sie darauf achten, dass das Datum automatisch aktualisiert wird.

Erstellen Sie die beiden folgenden Formatvorlagen und achten Sie darauf, dass beide allen neuen Dokumenten zur Verfügung stehen, die auf dieser Vorlage basieren.

- Erstellen Sie eine neue Formatvorlage unter dem Namen "Brieftext" basierend auf der Formatvorlage Standard:
  Die Formatvorlage erhält als Ausrichtung Blocksatz und einen Zeilenabstand von 1,2 Zeilen. Verwenden Sie eine beliebige Schriftart und Schriftgröße 11 pt.

- Erstellen Sie die Formatvorlage "Infotext", ebenfalls basierend auf der Formatvorlage Standard:
  Einzug links und rechts je 2,5 cm, Blocksatz, einfache Rahmenlinie außen, Schriftart Times New Roman, kursiv, 12 pt.

Beispiel:

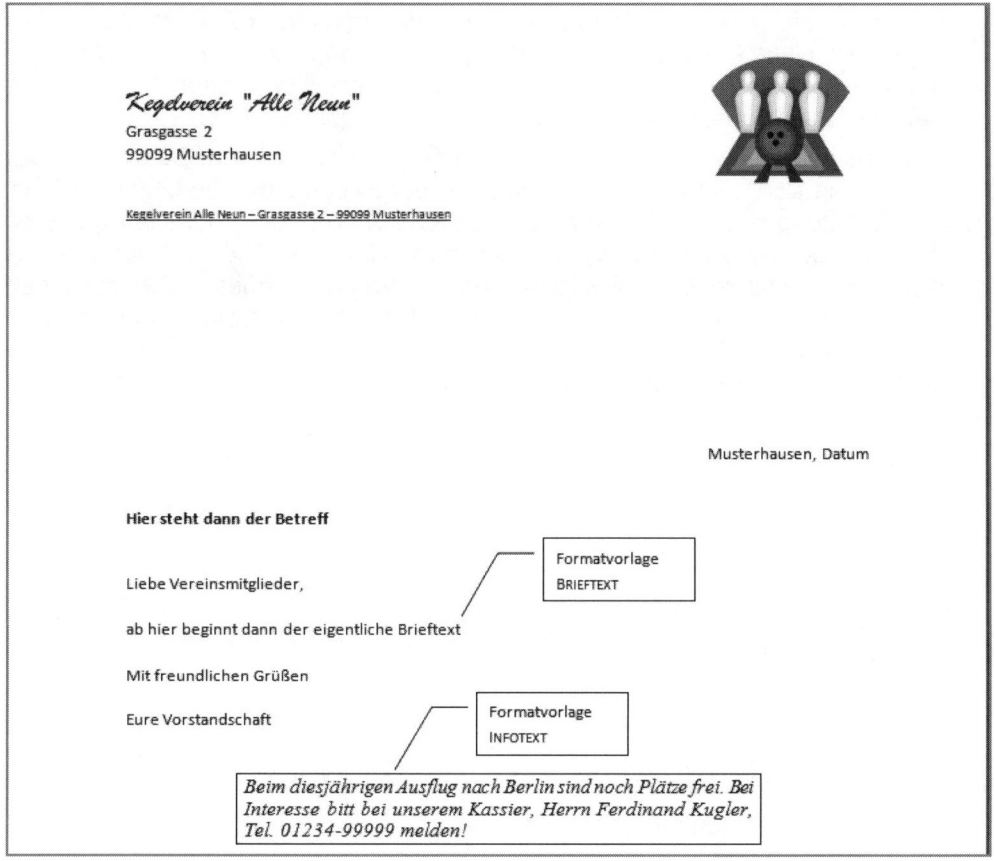

Bemerkungen:

_____

_____

_____

10. Seriendruck

In dieser Lektion lernen Sie...

* Einfache Serienbriefe erstellen
* Serienbriefe sortieren und filtern
* Etiketten drucken und erweiterte Seriendruckfunktionen

Was Sie für diese Lektion wissen sollten:

* Text eingeben und formatieren

Als Seriendruck bezeichnet man die Möglichkeit, Dokumente wie beispielsweise Briefe, Angebote oder Einladungen an einen größeren Personenkreis zu adressieren. Beim Drucken werden Elemente wie individuelle Anschrift oder persönliche Anrede aus den bereits gespeicherten Empfängeradressen nacheinander in das Dokument eingesetzt. Dazu können Daten aus verschiedenen Quellen verwendet werden. Neben Serienbriefen können Sie auf diese Weise auch Umschläge und Adressetiketten erstellen. Das Register SENDUNGEN stellt alle benötigten Schaltflächen und Befehle bereit.

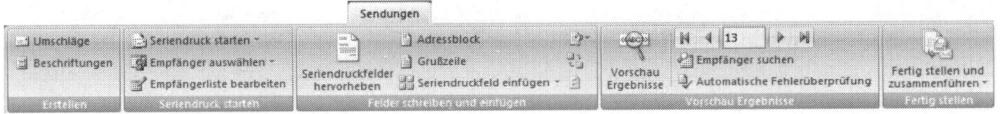

Register SENDUNGEN

Als Voraussetzung benötigen Sie zwei verschiedene Dokumente/Dateien:

* Ein Dokument, das den eigentlichen Brieftext enthält, auch als Hauptdokument bezeichnet
* Eine zweite Datei mit den Adressinformationen, sie wird auch als Datenquelle bezeichnet.

10.1. Empfängeradressen

Was ist zu beachten?

Die Adressen für den Seriendruck sind im Normalfall bereits vorhanden: entweder als Microsoft Excel-Tabelle, als Tabelle oder Abfrage aus einer Microsoft Access-Datenbank oder als Kontakte in Microsoft Outlook gespeichert. Neben den Office-Anwendungen unterstützt Word auch andere gängige Dateiformate, im einfachsten Fall können die Daten auch als Textdatei, mit Semikolon (;) getrennt, vorliegen. Natürlich können Sie die Adressen auch in einem Word-Dokument als Tabelle speichern.

> In jedem Fall sollte die erste Zeile der Tabelle die Spaltenüberschriften enthalten. Diese Spaltenüberschriften werden als Seriendruckfelder in den Brief eingefügt.

Spaltenüberschriften erforderlich

Datenbankbegriffe:

Da die Adressen für Serienbriefe aus Datenbanken meist aus Datenbanken stammen, werden im Umgang mit Serienbriefen auch entsprechende Datenbankbegriffe verwendet:

Serienbriefe verwenden meist Adressen aus einer Datenbank

Datensatz	Als Datensatz bezeichnet man eine einzelne Adresse einer Datenbank, bei Verwendung einer Tabelle entspricht ein Datensatz einer Zeile der Tabelle.
Datenfeld	Als Datenfelder bezeichnet man die Spalten der Tabelle. Die erste Zeile der Tabelle enthält die Spaltenüberschriften und legt so die Namen für die Datenfelder fest.

Microsoft Excel-Tabelle

Eine Excel Tabelle als Datenquelle sollte in der ersten Zeile die Spaltenüberschriften enthalten.

Bei Verwendung einer Microsoft Excel-Tabelle sollten Sie darauf achten, dass die erste Zeile der Datenbank die Spaltenüberschriften enthält und mit der ersten Zeile und Spalte des Tabellenblattes beginnt. Ist dies nicht der Fall, muss der Zellbereich mit den Adressen mit einem Namen versehen sein.

Beispiel: Eine Excel Tabelle mit Empfängeradressen

	A	B	C	D	E	F	G	H	I
1	KDNR	Anrede	Titel	Vorname	Nachname	Strasse	Land	PLZ-Ort	Telefon
2	29	Frau		Maria	Abel	Finkenweg 33	D	94032 Passau	0851-99977
3	78	Frau		Vera	Ackerbaum	Wiesenweg 6	D	80638 München	
4	153	Herr		Toni	Altenkirchner	Obere Waldstrasse 15	D	88212 Ravensburg	
5	26	Frau		Frieda	Ammer	Nikolastr. 3	D	94032 Passau	0851-35440
6	139	Herr	Dr.	Karl	Amsel	Passauerstr. 44	D	80337 München	
7	152	Herr		Horst	Angerer	Lechstrasse 72	D	86156 Augsburg	
8	129	Frau		Hilde	Anwärter	Finkenstr. 6	D	40219 Düsseldorf	
9	41	Frau		Sabine	Arkowitzki	Hochstr. 99	D	94032 Passau	0851-202454
10	37	Herr		Walter	Auberger	Waldstr. 8	D	94474 Vilshofen	08541-6004
11	80	Herr		Michael	Backenzahn	Rindermarkt 3	D	04259 Leipzig	

Microsoft Word-Dokument verwenden

Die Tabelle muss mit der ersten Zeile des Dokuments beginnen

Wenn Sie die Adressen in einem Word-Dokument gespeichert haben oder mit Hilfe von Word erfassen wollen, so verwenden Sie dazu am besten eine Tabelle. Die erste Zeile muss Spaltenüberschriften enthalten und gleichzeitig mit der ersten Zeile des Dokuments beginnen. Als Alternative können Sie die einzelnen Adressfelder wie Name, PLZ und Ort auch mit Tabstopps trennen.

Beachten Sie, dass das Dokument keinerlei weiteren Text enthalten darf.

Beispiel Word Tabelle

Anrede	Vorname	Nachname	Strasse	Land	PLZ-Ort
Frau	Doris	Drösel	Jahnstr. 9	D	22041 Hamburg
Frau	Dörte	Emsig	Stadionstrasse 28	D	44357 Dortmund
Frau	Cordula	Ermich	Tüdelstrasse 89	D	84166 Adlkofen
Frau	Wilma	Essig	Schrebergarten 66	D	95032 Hof

Neue Liste eingeben

Sollten noch keine Empfängeradressen gespeichert sein, so bietet Word auch noch die Möglichkeit, die Adressen zusammen mit der Erstellung des Serienbriefs einzugeben:

- Wechseln Sie dazu in das Register SENDUNGEN und klicken Sie auf die Schaltfläche EMPFÄNGER AUSWÄHLEN. Wählen Sie anschließend den Befehl NEUE LISTE EINGEBEN...

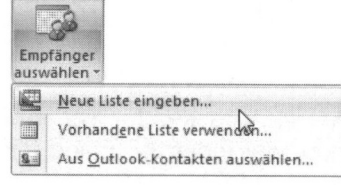

Empfänger auswählen ▾

- Neue Liste eingeben...
- Vorhandene Liste verwenden...
- Aus Outlook-Kontakten auswählen...

- Word öffnet ein Fenster mit einer leeren Tabelle. Beginnen Sie in der ersten Zeile mit der Adresseingabe, mit der Schaltfläche NEUER EINTRAG fügen Sie weitere Zeilen hinzu.

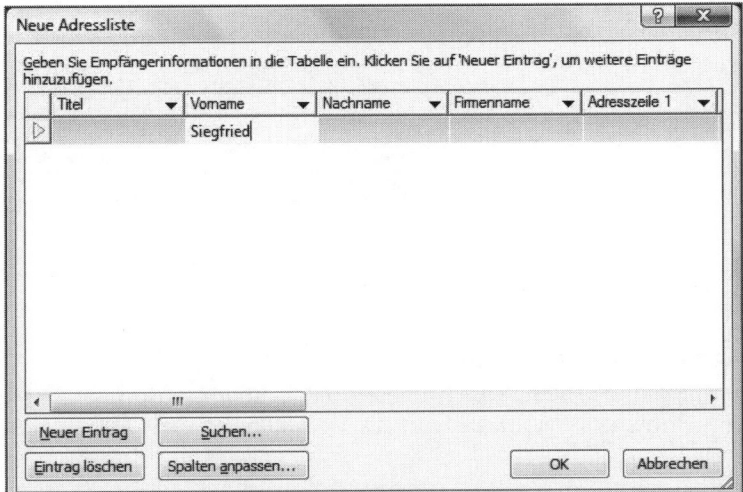

- Nicht benötigte Spalten können Sie über die Schaltfläche SPALTEN ANPASSEN… löschen, bzw. weitere Spalten hinzufügen.

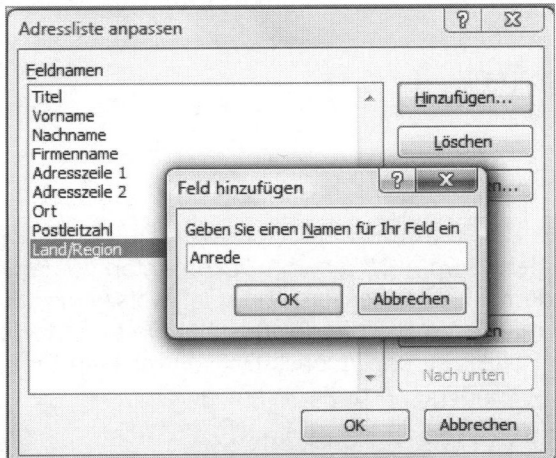

- Wenn Sie die Eingabe der Empfängeradressen mit der Schaltfläche OK beenden, dann müssen Sie die Adressen noch unter einem Dateinamen zu speichern. Als Speicherort schlägt Windows in den meisten Fällen den Ordner Eigene Datenquellen vor.

10.2. Serienbriefe

Serienbriefe in Schritten erstellen

Am häufigsten werden Briefe benötigt, die mit einer individuellen Anschrift versehen werden sollen. Beginnen Sie mit einem neuen, leeren Dokument oder verwenden Sie ein bereits vorhandenes Dokument, bzw. eine Dokumentvorlage, und schreiben Sie den Brief. Anschrift und individuelle Bestandteile des Briefs, beispielsweise eine persönliche Anrede, lassen Sie vorerst leer.

Speichern Sie das Dokument, bevor Sie mit dem eigentlichen Seriendruck beginnen!

Briefe mit einer individuellen Anschrift

Seriendruck starten
und Dokumenttyp
wählen

1. Schritt: Dokumenttyp wählen

Wechseln Sie in das Register SENDUNGEN und klicken Sie in der Gruppe SERIEN-
DRUCK STARTEN auf die Schaltfläche SERIENDRUCK STARTEN. Zum Erstellen von Briefen wählen Sie den Eintrag BRIEFE.

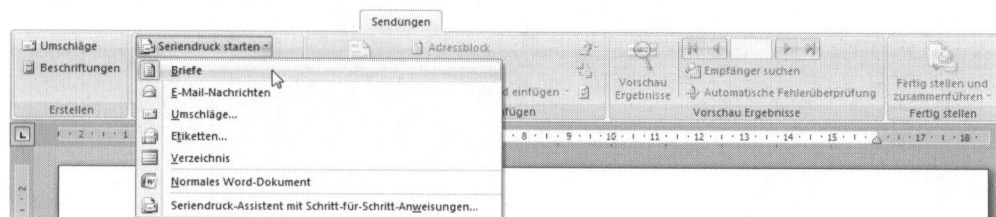

2. Schritt: Empfängeradressen auswählen

Im nächsten Schritt legen Sie fest, welche Datei die Empfängeradressen enthält.
Klicken Sie dazu im Register SENDUNGEN auf die Schaltfläche EMPFÄNGER AUSWÄH-
LEN.

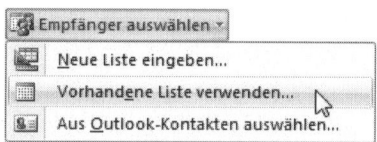

*   Mit der Schaltfläche AUS OUTLOOK-KONTAKTEN AUSWÄHLEN... können Sie auch
    die Adressenverwaltung von Microsoft Outlook für Serienbriefe nutzen. Dazu
    muss Microsoft Outlook auf dem Computer vorhanden sein.

*   Klicken Sie auf VORHANDENE LISTE VERWENDEN..., um eine bereits vorhandene
    Datei mit den Adressen auszuwählen.

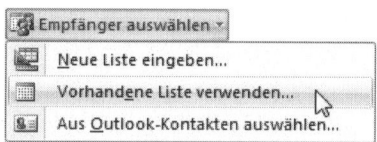

Wählen Sie die Datei,
die Ihre
Empfängeradressen
speichert

Word öffnet ein Fenster, das Sie bereits vom Öffnen von Dokumenten her kennen.
Wählen Sie den Ordner, in dem Ihre Adressen, beispielsweise als Excel-
Arbeitsmappe gespeichert sind, markieren Sie die gewünschte Datei und klicken
Sie auf die Schaltfläche ÖFFNEN. Bei Excel- und Access-Dateien müssen Sie auch
noch angeben, welche Tabelle die benötigten Adressen enthält.

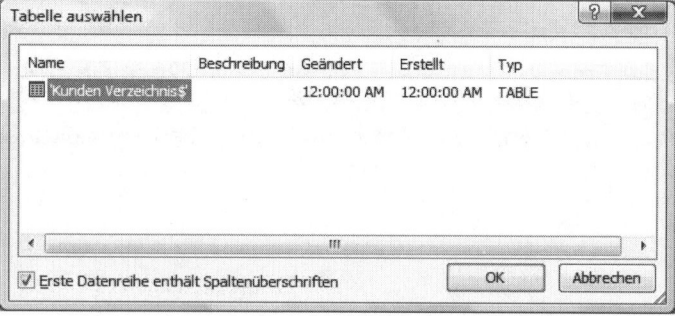

3. Schritt: Seriendruckfelder einfügen

Seriendruckfeld
einfügen

Als Nächstes müssen Sie nun die Seriendruckfelder in den Brieftext einfügen. Als
Seriendruckfelder verwendet Word die Spaltenüberschriften der Tabelle mit Ihren
Empfängeradressen. Diese Seriendruckfelder dienen als Platzhalter im Brieftext
und werden später beim Drucken durch die Inhalte der jeweiligen Spalte ersetzt.

*   Positionieren Sie den Cursor an der Stelle, an der Sie ein Seriendruckfeld
    benötigen, z.B. im Adressbereich Ihres Briefes.

- Klicken Sie in der Gruppe FELDER SCHREIBEN UND EINFÜGEN auf die Schaltfläche SERIENDRUCKFELD EINFÜGEN. Es erscheint eine Liste aller verfügbaren Felder, die den Spalten der Tabelle entsprechen.

- Mit einem Mausklick fügen Sie das gewünschte Feld im Dokument ein. Seriendruckfelder sind im Dokument an den doppelten spitzen Klammern leicht zu erkennen.

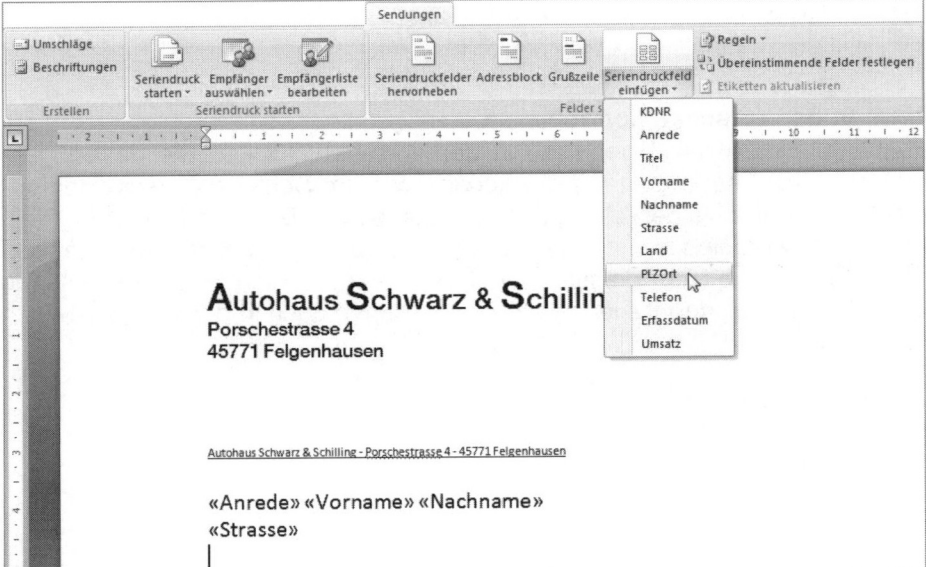

Fügen Sie die Seriendruckfelder an der Cursorposition in das Dokument ein

Beachten Sie, dass Sie zwischen den Seriendruckfeldern Leerzeichen und Absatzende, bzw. Zeilenwechsel einfügen müssen, dies passiert nicht automatisch!

Fügen Sie die benötigten Leerzeichen ein

Hinweis: In manchen Fällen öffnet Word auch ein Fenster SERIENDRUCKFELDER EINFÜGEN. Markieren Sie in diesem Fall das gewünschte Feld und klicken Sie auf die Schaltfläche EINFÜGEN. Das Fenster bleibt geöffnet, so dass Sie alle weiteren erforderlichen Seriendruckfelder nacheinander einfügen können.

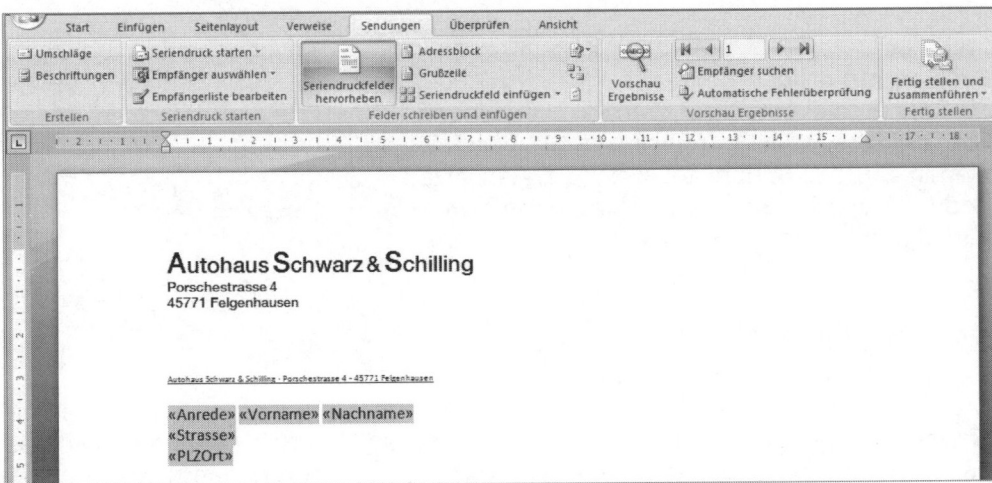

Bei Bedarf können Sie die Seriendruckfelder am Bildschirm auch noch mit grauer Schattierung hervorheben, klicken Sie dazu auf die Schaltfläche SERIENDRUCKFELDER HERVORHEBEN.

Seriendruckfelder am Bildschirm hervorheben

Zuerst müssen übereinstimmende Felder festgelegt werden.

Adressblock einfügen

Mit den Schaltflächen ADRESSBLOCK und GRUßZEILE bietet Word eine Möglichkeit an, den vollständigen Adressblock, bzw. eine Briefanrede in das Dokument einzufügen. Diese Option ist nur dann sinnvoll, wenn Sie die Outlook-Kontakte als Empfängeradressen verwenden, oder zuvor die Empfängeradressen mit dem Befehl NEUE LISTE EINGEBEN... erfasst haben. In allen anderen Fällen müssen Sie erst mit der Schaltfläche die übereinstimmenden Felder festlegen, damit Word einen Adressblock bilden kann.

4. Schritt: In der Vorschau kontrollieren

Nun kontrollieren Sie die Ergebnisse in der Vorschau. Klicken Sie dazu in der Gruppe VORSCHAU ERGEBNISSE auf die Schaltfläche. Im Dokument erscheinen anstelle der Seriendruckfelder die Adressen. Mit einem Mausklick auf die Pfeil-Schaltflächen lassen sich nun nacheinander die einzelnen Adressen anzeigen. So können Sie prüfen, ob alle Adressen korrekt eingefügt werden, eventuell fehlende Leerzeichen zwischen den Seriendruckfeldern können auch in der Vorschau noch eingefügt werden.

Kontrollieren Sie das Ergebnis in der Vorschau

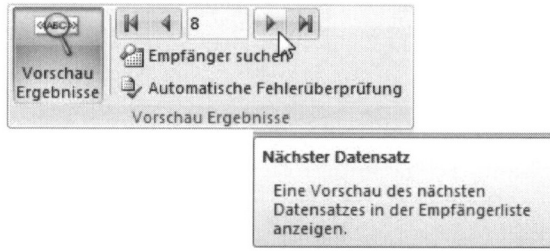

5. Schritt: Zusammenführen

Im letzten Schritt müssen Sie Dokument, bzw. die Briefe nur noch drucken. Klicken Sie dazu auf die Schaltfläche FERTIG STELLEN UND ZUSAMMENFÜHREN.

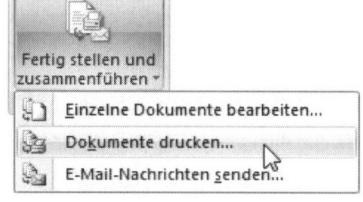

Dokumente drucken

Um die Briefe sofort zu drucken, verwenden Sie die Schaltfläche DOKUMENTE DRUCKEN... Geben Sie bei Bedarf an, welche Datensätze gedruckt werden sollen, beispielsweise von 1 bis 50 und bestätigen Sie mit OK.

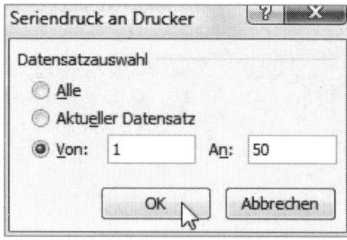

Einzelne Dokumente bearbeiten

Die Serienbriefe werden in ein neues Dokument ausgegeben

Damit werden die fertigen Briefe zunächst nicht über den Drucker, sondern in ein neues Dokument ausgegeben, das standardmäßig den Namen Serienbriefe1 erhält. Sie können nun einzelne Briefe nachträglich bearbeiten, speichern und später wie ein normales Dokument drucken.

Gespeicherten Serienbrief öffnen

Zusammen mit dem Serienbrief wird auch die Verknüpfung zu den Empfängeradressen gespeichert. Beim Öffnen des Dokuments erscheint eine entsprechende Meldung. Bestätigen Sie mit der Schaltfläche JA, wenn Sie erneut auf die Empfängeradressen zugreifen wollen.

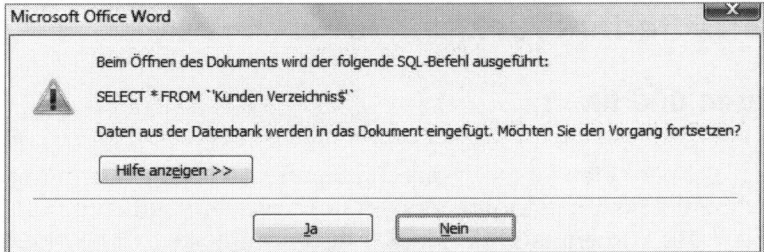

SQL ist eine Sprache, die zur Abfrage von Datenbanken verwendet wird.

Hauptdokument wieder in ein normales Dokument umwandeln

Um einen Serienbrief wieder in ein normales Word-Dokument umzuwandeln, öffnen Sie das Dokument und klicken im Register SENDUNGEN auf die Schaltfläche SERIENDRUCK STARTEN. Wählen Sie anschließend den Eintrag NORMALES WORD-DOKUMENT.

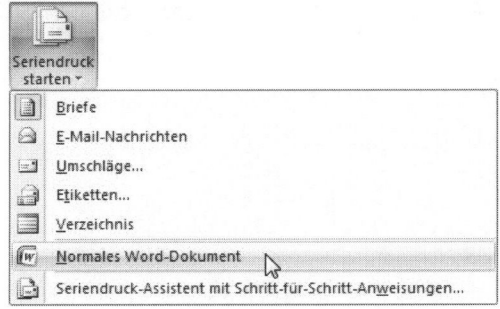

Der Seriendruck-Assistent

Sie können für die Erstellung von Seriendruck-Dokumenten auch einen Assistenten aufrufen, der Sie durch die einzelnen Schritte führt. Dieser Assistent ist identisch mit dem Seriendruck-Assistenten früherer Word-Versionen und kann über die Schaltfläche SERIENDRUCK STARTEN aufgerufen werden. Am rechten Bildschirmrand erscheint eine Leiste, klicken Sie auf WEITER, bzw. ZURÜCK, um die Schritte aufzurufen.

Der Seriendruck-Assistent führt Sie durch die einzelnen Schritte

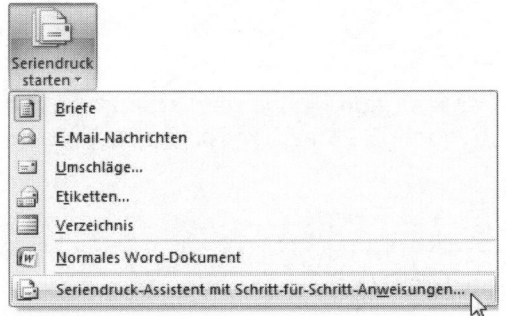

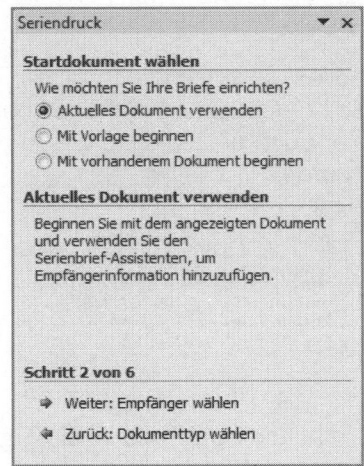

10.3. Erweiterte Seriendruckfunktionen

Adressen sortieren und filtern

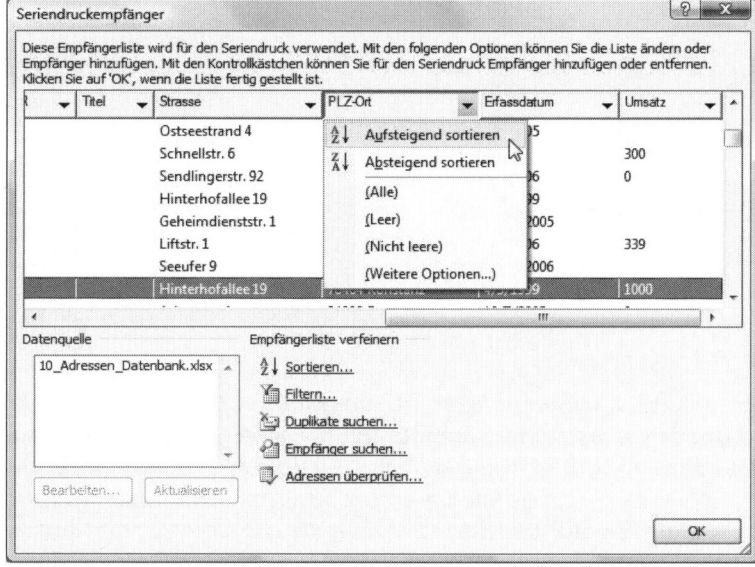

Empfängerliste bearbeiten

Sortieren

Für den Versand von Serienbriefen ist meist eine Sortierung nach Land und Post-leitzahlen erforderlich. Falls die Empfängeradressen noch nicht sortiert sind, kön-nen Sie dies auch in Word vornehmen. Klicken Sie dazu im Register SENDUNGEN auf die Schaltfläche EMPFÄNGERLISTE BEARBEITEN.

Das Fenster SERIENDRUCKEMPFÄNGER zeigt alle Empfängeradressen an. Klicken Sie zum Sortieren einfach auf die Überschrift der betreffenden Spalte. Wenn Sie statt-dessen auf das kleine schwarze Dreieck rechts neben der Überschrift klicken, so erhalten Sie weitere Möglichkeiten.

Wenn Sie nach zwei Spalten sortieren möchten, beispielsweise zuerst nach dem Land und anschließend nach der Postleitzahl, so klicken Sie unter EMPFÄNGERLISTE VERFEINERN auf den Befehl SORTIEREN.... Maximal drei Sortierkriterien können Sie hier verwenden.

Klicken Sie zum Sortieren auf das Dreieck

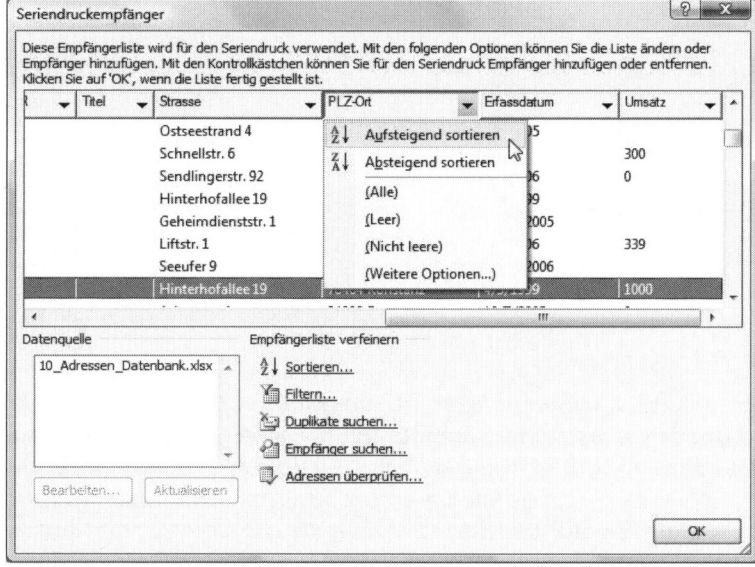

Adressen filtern

Empfänger ausschließen

Soll der Serienbrief nur für bestimmte Adressen gedruckt werden, so können Sie hier auch einzelne Adressen ausschließen, indem Sie das Kontrollkästchen deak-tivieren.

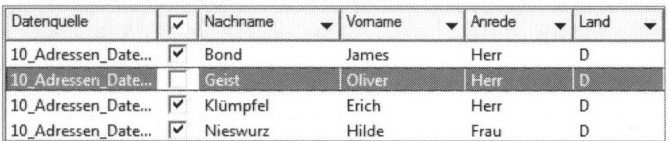

Einfacher ist es, wenn Sie Filterkriterien verwenden. Dazu klicken Sie unter EMP-FÄNGERLISTE VERFEINERN auf den Befehl FILTERN... und geben Sie Ihre Auswahlkrite-rien an. Sie können auch zwei (oder mehr) Filterkriterien miteinander verknüpfen. Verwenden Sie dazu ein UND, so bedeutet dies, dass ein Datensatz beide Bedin-gungen erfüllen muss. Verknüpfen Sie dagegen zwei Bedingungen mit ODER, so genügt es, wenn ein Datensatz eine der beiden Bedingungen erfüllt.

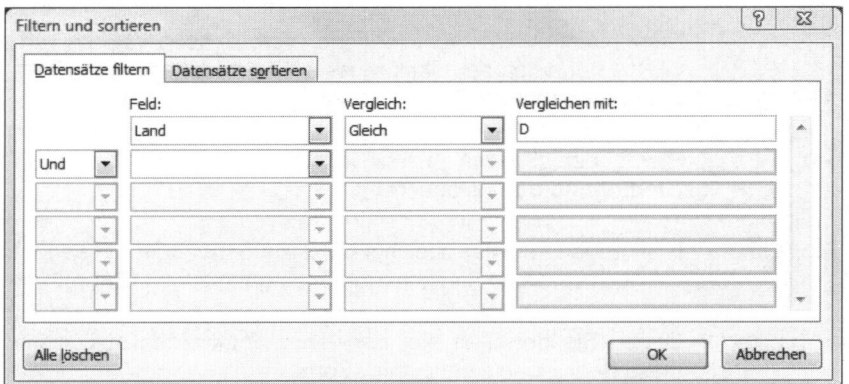

Filterkriterien festlegen

Bedingungen verwenden

Mit Hilfe von Regeln oder Bedingungen können Sie im Serienbrief auch Formulierungen verwenden, die abhängig sind vom Inhalt eines Seriendruckfeldes. Ein Beispiel dafür ist die individuelle Briefanrede. Sie beginnt entweder mit "Sehr geehrte Frau …" oder mit "Sehr geehrter Herr…", je nachdem, ob die Anrede Frau oder Herr lautet.

Klicken Sie im Register SENDUNGEN, Gruppe FELDER SCHREIBEN UND EINFÜGEN auf die Schaltfläche REGELN und wählen Sie WENN… DANN… SONST…. Damit überprüfen Sie den Inhalt des Seriendruckfeldes Anrede. **Wenn** die Anrede Frau lautet, **dann** soll die Briefanrede mit "Sehr geehrte Frau" beginnen, **sonst** soll die Briefanrede "Sehr geehrter Herr" verwendet werden.

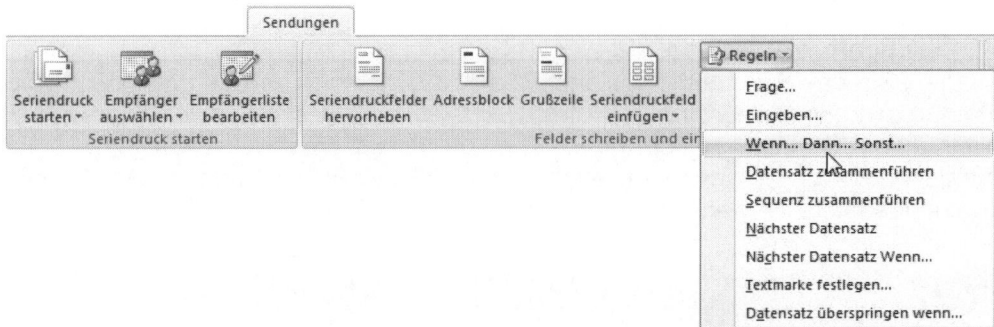

Individuelle Anrede mit Hilfe von Regeln erstellen

Geben Sie im Dialogfenster BEDINGUNGSFELD EINFÜGEN den Ausdruck ein.

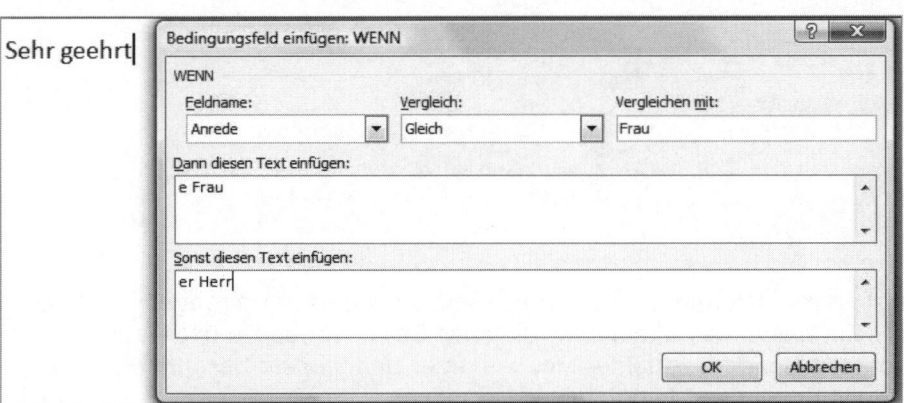

FELDNAME	Wählen Sie zuerst unter Feldname dasjenige Feld aus, das die benötigte Information, nämlich die Anrede Herr oder Frau enthält.

VERGLEICH	Hier bietet Word verschiedene Vergleichsoperatoren an. GLEICH bedeutet, der Inhalt muss mit dem vorgegebenen Text übereinstimmen.
VERGLEICHEN MIT	Hier geben Sie das Auswahlkriterium über die Tastatur ein **(Bedingung oder Wenn-Teil)**.
DANN DIESEN TEXT EIN-FÜGEN	Hier geben Sie ein, welcher Text im Serienbrief verwendet werden soll, wenn die vorherige Bedingung zutrifft (**Dann**).
SONST DIESEN TEXT EIN-FÜGEN	Geben Sie den Text ein, der verwendet werden soll, wenn diese Bedingung nicht zutrifft (**Sonst**).

Tipp: Da das Feld Anrede häufig zwei verschiedene Schreibweisen enthält, nämlich "Herr" und "Herrn", sollten Sie besser als Bedingung "Anrede gleich Frau" verwenden.

Etiketten drucken

Zum Erstellen von Adressetiketten klicken Sie im Register SENDUNGEN auf die Schaltfläche SERIENDRUCK STARTEN und wählen anschließend ETIKETTEN... aus. Falls Sie Endlosetiketten (Nadeldrucker) verwenden wollen, oder sich die Etiketten in einem anderen Papierschacht befinden, so geben Sie dies unter Druckerinformationen an.

1. Etikettenformat wählen

Wählen Sie den Etikettenhersteller, z.B. Avery Zweckform und darunter die Etikettennummer (Bestellnummer). Sollten Hersteller und Bestellnummer nicht in der Liste aufgeführt sein, so können Sie über die Schaltfläche NEUES ETIKETT... unter Eingabe der Maße eigene Etikettenformate definieren und unter einem Namen auch für spätere Verwendung speichern.

Word erstellt im Dokument eine Tabelle entsprechend der angegebenen Maße. Klicken Sie in das erste Etikett, bzw. die erste Zelle der Tabelle und fügen Sie hier die benötigten Seriendruckfelder ein, wie unter Serienbriefe beschrieben. Formatieren Sie die Seriendruckfelder, falls erforderlich.

Bearbeiten Sie das erste Etikett

Alle Bearbeitungen und Änderungen nehmen Sie immer nur am ersten Etikett in der linken oberen Ecke vor.

2. Etiketten aktualisieren

Nun müssen Sie nur noch die übrigen Etiketten entsprechend aktualisieren. Klicken Sie dazu auf die Schaltfläche ETIKETTEN AKTUALISIEREN. Damit werden die Seriendruckfelder auch auf die übrigen Etiketten übertragen und Sie können nun in der Vorschau die Ergebnisse kontrollieren.

Aktualisieren Sie die übrigen Etiketten

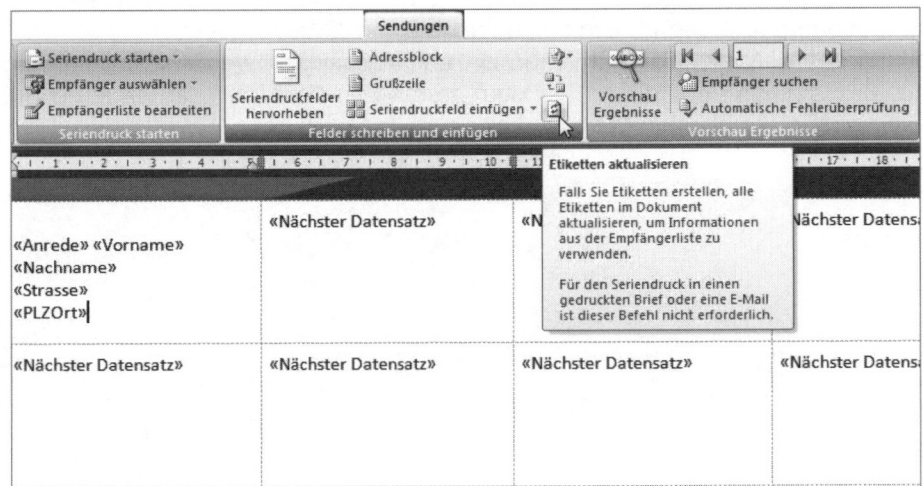

Sollten noch nachträgliche Änderungen erforderlich sein, so nehmen Sie diese immer am ersten Etikett oben links vor und verwenden erneut die Schaltfläche ETIKETTEN AKTUALISIEREN, um die Änderungen auch auf alle anderen Etiketten zu übernehmen.

Auch nachträgliche Änderungen nehmen Sie immer am ersten Etikett vor

Abschließend verwenden Sie wieder die Schaltfläche FERTIGSTELLEN UND ZUSAMMENFÜHREN, um die Etiketten zu drucken.

10.4. Zusammenfassung

* Für die Erstellung von Serienbriefen oder Etiketten benötigen Sie zwei Dokumente: das Hauptdokument mit dem eigentlichen Brieftext und eine zweite Datei mit den Empfängeradressen. Die Empfängeradressen können als Datenbank, beispielsweise Microsoft Excel oder in einem anderen gängigen Datenbankformat vorliegen, Sie können aber auch eine Word-Tabelle verwenden. In jedem Fall benötigen die Empfängeradressen für den Seriendruck Spaltenüberschriften, diese werden als Seriendruckfelder im Brief verwendet.

* Die Erstellung eines Serienbriefs geht in mehreren Schritten vor sich, die benötigten Befehle finden Sie im Register SENDUNGEN. Zuerst wählen Sie, ob Sie Serienbriefe oder Etiketten drucken wollen. Im nächsten Schritt müssen Sie angeben, welche Datei Ihre Empfängeradressen speichert. Dann fügen Sie die Seriendruckfelder an den entsprechenden Stellen in den Brief bzw. die Etiketten ein und kontrollieren in der Vorschau. Im letzten Schritt drucken Sie die Briefe.

* Beim Speichern wird auch die Verknüpfung zu den Empfängeradressen gespeichert, Word macht Sie beim Öffnen eines Hauptdokuments darauf aufmerksam.

- Wenn die Empfängeradressen noch nicht sortiert oder gefiltert sind, so ist dies auch bei der Serienbrieferstellung möglich, indem Sie die Empfängerliste bearbeiten. Mit Hilfe von Bedingungen, bzw. Regeln können Sie im Brieftext auch Formulierungen, abhängig vom Inhalt eines Seriendruckfeldes verwenden.

- Beim Drucken von Etiketten gehen Sie genauso vor, wie bei der Erstellung von Serienbriefen. Die meisten handelsüblichen Etiketten sind mit Ihren Maßen bereits gespeichert und brauchen nur ausgewählt werden. Ordnen Sie danach die Seriendruckfelder auf dem ersten Etikett an und aktualisieren Sie anschließend die übrigen Etiketten mit einem Mausklick.

10.5. Übung

Aufgabe:

Ihre Firma hatte ein Gewinnspiel gestartet und nun sollen Sie die glücklichen Gewinner mit Hilfe eines Serienbriefs benachrichtigen. Da deren Adressen noch nicht gespeichert sind, müssen Sie zuerst diese erfassen.

Die Empfängeradressen:

Welche Angaben benötigen Sie für den Serienbrief, wie viele Spalten sind für die Tabelle erforderlich? Falls Sie über Microsoft Excel-Kenntnisse verfügen, können Sie natürlich auch Excel zum Speichern der Adressen verwenden, ansonsten starten Sie Word mit einem neuen, leeren Dokument und fügen ab der ersten Zeile eine Tabelle nach dem folgenden Muster ein.

Tipp: Wenn Sie unter SEITE EINRICHTEN, als Ausrichtung QUERFORMAT verwenden, dann steht Ihnen in der Tabelle mehr Platz zur Verfügung!

Name	Vorname	Anrede	Strasse	Land	PLZ	Ort	Preis	Gewinn
Brösel	Sandra	Frau	Feldweg 1	D	04259	Leipzig	1.	eine Reise nach Florida
							2.	eine Reise nach Mallorca
							3.	Einen Laptop

Geben Sie mindestens 6 beliebige Adressen ein und speichern Sie das Dokument unter dem Namen **Preisausschreiben-Gewinneradressen**. Schließen Sie das Dokument.

Der Brieftext

- Öffnen Sie ein neues, leeres Dokument und speichern Sie das Dokument unter dem Namen **Preisausschreiben-Brieftext**. Erfassen Sie den folgenden Brieftext, zunächst ohne Seriendruckfelder.

- Als Empfängeradressen wählen Sie anschließend das Dokument **Preisausschreiben-Gewinneradressen** und fügen die Seriendruckfelder an den entsprechenden Stellen ein.

- Formatieren Sie den Brief ähnlich der Vorlage und kontrollieren Sie die Ergebnisse in der Vorschau.

Autohaus **S**chwarz & **S**chilling
Porschestrasse 4
45771 Felgenhausen

Autohaus Schwarz & Schilling - Porschestrasse 4 - 45771 Felgenhausen

«Anrede» «Vorname» «Name»
«Strasse»
«PLZ» «Ort»

Sie haben gewonnen

Herzlichen Glückwunsch «Anrede» «Name» - Sie haben bei unserem Preisausschreiben vom Anfang des Jahres den **«Preis» Preis, «Gewinn»** gewonnen.

Unser Filialleiter wird Ihnen den Gewinn persönlich in unseren Geschäftsräumen überreichen und zwar am:

1. April um 19 Uhr

Wir gratulieren Ihnen schon jetzt zu Ihrem Gewinn und hoffen, dass wir Sie auch weiterhin zu unseren zufriedenen Kunden zählen dürfen.

Bemerkungen:

_____

_____

_____

11. Glossar

.docx	Office 2007 verwendet das Office Open XML-Format als Standard. Word 2007 Dokumente werden daher mit der Dateinamenserweiterung .docx gespeichert. Dieses Dateiformat benötigt weniger Speicherplatz und erleichtert den Datenaustausch.
AutoKorrektur	Im Gegensatz zur Rechtschreibprüfung korrigiert die Autokorrektur automatisch während der Eingabe und wandelt beispielsweise den ersten Buchstaben am Beginn eines Satzes in einen Großbuchstaben um. Sie können die Autokorrektur rückgängig machen oder deaktivieren.
Bedingter Trennstrich	Wenn Sie mit den Tasten Strg + Bindestrich einen bedingten Trennstrich einfügen, so wird dieser nur dann gedruckt, wenn er sich auch am Zeilenende befindet.
Bundsteg	Als Bundsteg bezeichnet man den Bereich, der eventuell zusätzlich zum Seitenrand zum Binden oder Lochen benötigt wird
Cursor	Der Cursor wird auch als Einfügemarke oder Schreibmarke bezeichnet und markiert die aktuelle Position. Alle Eingaben und nachträglichen Änderungen erfolgen immer an der Stelle, an der sich der Cursor gerade befindet.
Datenfeld	Als Datenfeld bezeichnet man in einer Datenbank die Spalte einer Tabelle. Jedes Datenfeld besitzt eine Überschrift (Feldname) und enthält gleichartige Informationen.
Datensatz	In einer Datenbank bezeichnet man eine Zeile der Tabelle auch als Datensatz. Speichert die Tabelle beispielsweise Adressen, so entspricht jede Adresse einer Zeile der Tabelle und bildet einen Datensatz.
Dokument	Als Dokumente bezeichnet Word alle Dateien, unabhängig vom Inhalt, die vom Benutzer erstellt wurden.
Dokumentvorlagen	Dokumentvorlagen dienen als Vorlage oder Vordruck für jedes neue Word-Dokument. Für neue, leere Dokumente verwendet Word die Vorlage NORMAL. Dokumentvorlagen stellen einen eigenen Dateityp dar und werden mit der Dateinamenserweiterung .dotx gespeichert.
Einzug	Einrückungen gegenüber dem linken oder rechten Seitenrand werden als Einzug bezeichnet.
Formatvorlagen	Formatvorlagen speichern sowohl Zeichen-, als auch Absatzformatierungen und werden zur einheitlichen Gestaltung von Dokumenten verwendet.
Füllzeichen	Bei der Verwendung von Tabstopps können Sie den Abstand bis zur nächsten Position automatisch mit Füllzeichen auffüllen lassen. Meist werden Punkte oder Striche als Füllzeichen verwendet.
Geschützter Bindestrich	Einen geschützten Bindestrich geben Sie mit den Tasten Strg+Umschalt+Bindestrich ein. Er verhindert an dieser Stelle einen automatischen Zeilenumbruch.
Geschütztes Leerzeichen	Ein geschütztes Leerzeichen zwischen zwei Zeichenfolgen verhindert, dass an dieser Stelle ein automatischer Zeilenumbruch erfolgt. Ein geschütztes Leerzeichen geben Sie mit den Tasten Strg+Umschalt+Leer ein.
Hängender Einzug	Als hängenden Einzug bezeichnet man einen Einzug, bei dem die erste Zeile eines Absatzes am linken Seitenrand beginnt und alle Folgezeilen eingerückt werden.

Hyperlinks	Hyperlinks, auch kurz als Links bezeichnet, sind Verknüpfungen zu Webseiten oder anderen Dokumenten.
Kapitälchen	Als KAPITÄLCHEN bezeichnet die Formatierung mit großen und kleinen Großbuchstaben.
Kopf- /Fußzeile	Kopf-/oder Fußzeilen befinden sich in dem Bereich zwischen dem Papierrand und dem Seitenrand, also außerhalb des Satzspiegels. Die Inhalte werden automatisch auf jeder Druckseite wiederholt.
Microsoft Access	Access ist ein Datenbankprogramm, das ebenfalls zu den Microsoft Office-Anwendungen gehört.
Microsoft Excel	Excel gehört ebenfalls zu den Office-Anwendungen und ist ein weit verbreitetes Tabellenkalkulationsprogramm, mit dem sich nicht nur Berechnungen durchführen lassen, sondern auch größere Datenmengen in Form von Tabellen verwalten lassen.
Microsoft Outlook	Outlook ist eine Office-Anwendung, mit der sich allgemeine Aufgaben wie Kommunikation (E-Mail), Aufgaben- und Terminverwaltung organisieren lassen. Dazu verfügt Outlook auch über eine integrierte Adressverwaltung.
Normal	Die Dokumentvorlage Normal wird von Word als Vorlage verwendet, wenn Sie bei der Erstellung eines neuen Dokuments mit einem leeren Dokument beginnen.
Proportionalschrift	Bei einer Proportionalschriftart wird für jedes Zeichen genau die benötigte Breite verwendet, im Gegensatz zur Schreibmaschine, bei der alle Zeichen die gleiche Breite haben.
Punkt (pt)	Punkt ist eine typografische Maßeinheit, in der in Word Maße wie Schriftgrad (Schriftgröße) oder Abstände angegeben werden. 1 Punkt entspricht etwa 0,35 mm. In der Textverarbeitung werden meist 10 oder 11 pt als Standardschriftgrad verwendet.
Register	Die Multifunktionsleiste von Word 2007 fasst Befehlsschaltflächen für verschiedene Aufgabenbereiche in Gruppen zusammen. Jede Gruppe kann schnell über das Register, vergleichbar einer Kartei, durch Anklicken mit der Maus aufgerufen werden.
Schnellbausteine	Häufig benötigte Textteile können als Schnellbausteine gespeichert und beliebig in Dokumente eingefügt werden. Schnellbausteine können neben Text auch Formatierungen, Grafik oder Tabellen enthalten.
Serifen	Als Serife (franz. Füßchen) bezeichnet man die feinen Linien, die bei manchen Schriftarten einen Buchstabenstrich am Ende, quer zu seiner Grundrichtung abschließen. Dadurch soll eine bessere Lesbarkeit der Schrift erreicht werden. Deshalb werden vor allem längere Texte häufig in einer Serifenschriftart gedruckt. Eine der bekanntesten Serifenschriftarten ist Times New Roman.
ShortCuts	Eine andere Bezeichnung für Tastenkombinationen, mit denen Befehle ausgeführt werden können.
Smarttags	Als Smarttags bezeichnet Word kleine Symbole, die nach bestimmten Aktionen im Dokument erscheinen und verschiedene Optionen anbieten.
SQL	"Structured query language", eine verbreitete Standardsprache zur Abfrage von Datenbanken.
Steuerzeichen	Verschiedene Tasten wie Eingabe-Taste, Tab-Taste oder Leertaste erzeugen bei der Eingabe Zeichen, die zwar nicht gedruckt werden, aber auf dem Bildschirm

	ein- und ausgeblendet werden können. An diesen Zeichen können Sie beispielsweise erkennen, wo ein Absatz endet. Wie alle anderen Zeichen, können diese Zeichen auch nachträglich eingefügt oder gelöscht werden.
Tabstopp	Tabstopps sind feste Positionen im Dokument, die Sie mit der Tabulatortaste (Tab-Taste) der Tastatur ansteuern.
Textfeld	Textfelder werden in Word verwendet, um Text innerhalb eines Dokuments mit der Maus an beliebiger Stelle zu positionieren.
WordArt	WordArt ermöglicht für kurze Texte zusätzliche grafische Texteffekte. Im Dokument werden WordArt-Objekte wie Grafik behandelt.
XML	"Extensible Markup Language", eine Auszeichnungssprache zur Darstellung hierarchisch strukturierter Daten in Form von Textdateien. XML ist vor allem für den Datenaustausch von Bedeutung.
Zwischenablage	Die Zwischenablage speichert ausgeschnittene oder kopierte Elemente. Diese können anschließend beliebig oft wieder eingefügt werden. Die Zwischenablage kann auch zum Datenaustausch zwischen verschiedenen Dokumenten oder Anwendungen verwendet werden.

12. Stichwortverzeichnis

13. Anhang: Tastatur

Deutsche Computer-Tastatur: Schreibmaschinentasten und Sondertasten

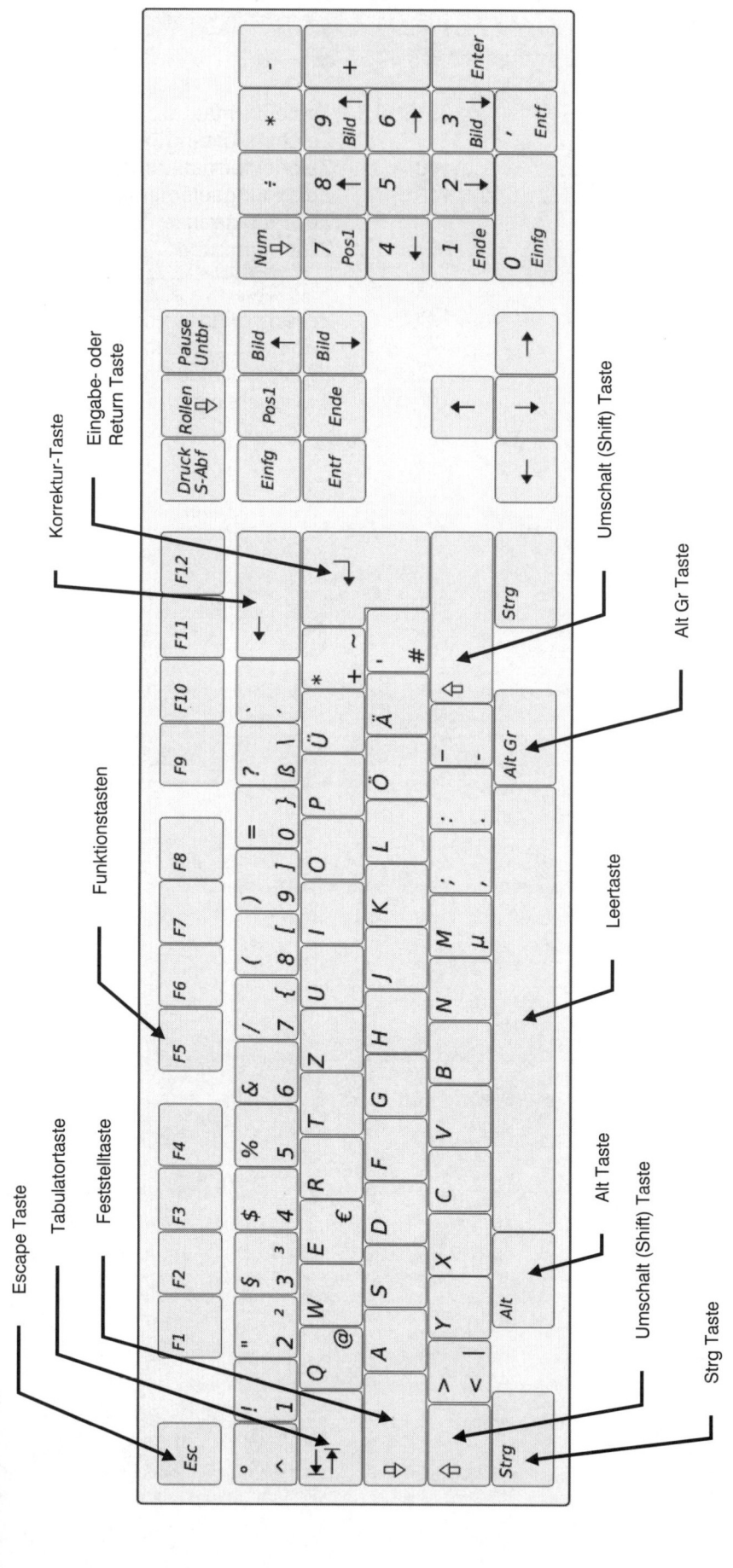

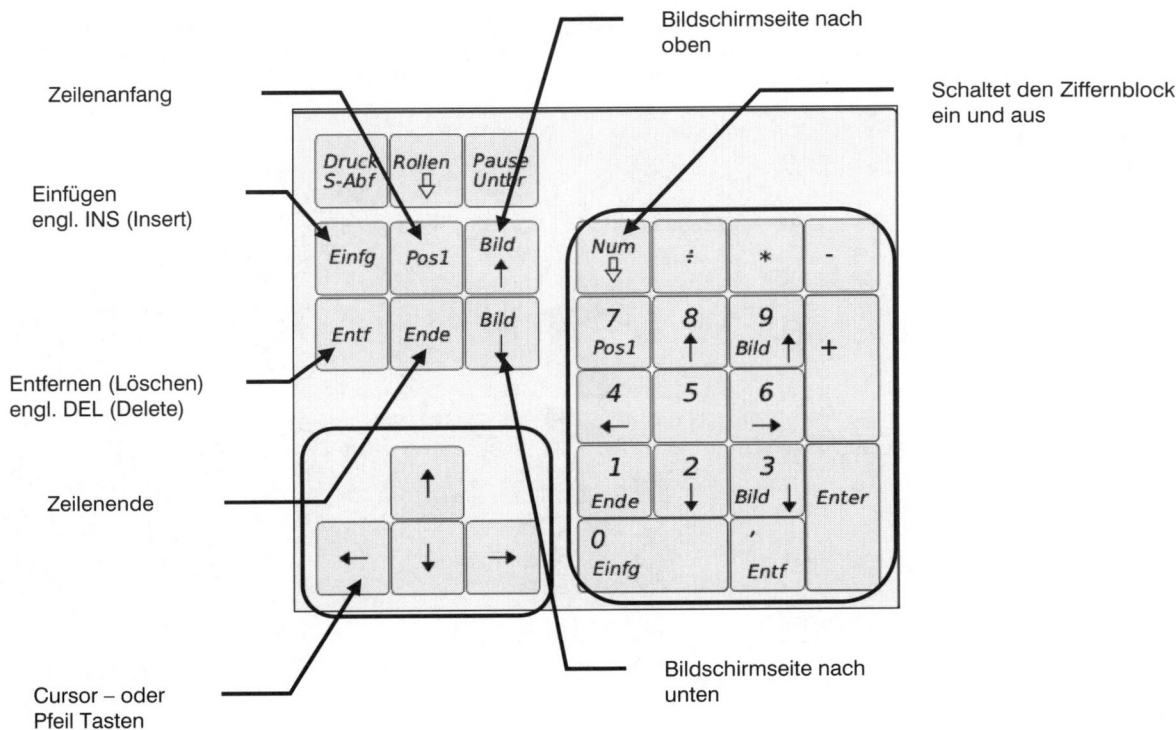

Zeilenanfang

Bildschirmseite nach oben

Schaltet den Ziffernblock ein und aus

Einfügen
engl. INS (Insert)

Entfernen (Löschen)
engl. DEL (Delete)

Zeilenende

Cursor – oder
Pfeil Tasten

Bildschirmseite nach unten